"传播新视野"丛书

媒体融合环境下
我国新闻工作者的社会责任

陈 妮 著

中国传媒大学出版社
·北京·

图书在版编目(CIP)数据

媒体融合环境下我国新闻工作者的社会责任 / 陈妮著. -- 北京 : 中国传媒大学出版社, 2023.3
ISBN 978-7-5657-3392-5

Ⅰ. ①媒… Ⅱ. ①陈… Ⅲ. ①新闻工作者—社会责任—研究—中国 Ⅳ. ①G219.2

中国国家版本馆 CIP 数据核字 (2023) 第 014645 号

媒体融合环境下我国新闻工作者的社会责任
MEITI RONGHE HUANJING XIA WOGUO XINWEN GONGZUOZHE DE SHEHUI ZEREN

著　　者 陈　妮
策划编辑 曾婧娴
责任编辑 裴向敏
责任印制 李志鹏
封面设计 风得信设计 · 阿东

出版发行 中国传媒大学出版社
社　　址 北京市朝阳区定福庄东街 1 号　　**邮　　编** 100024
电　　话 86-10-65450528　65450532　　**传　　真** 65779405
网　　址 http://cucp.cuc.edu.cn
经　　销 全国新华书店

印　　刷 唐山玺诚印务有限公司
开　　本 787mm × 1092mm　1/16
印　　张 10
字　　数 183 千字
版　　次 2023 年 3 月第 1 版
印　　次 2023 年 3 月第 1 次印刷

书　　号 ISBN 978-7-5657-3392-5/G · 3392　　**定　　价** 52.00 元

本社法律顾问：北京嘉润律师事务所　郭建平

序　言

新闻工作者履行其社会责任关系到正确的舆论导向、国家安全、社会安定与和谐。当下，我国正处于媒体融合不断深化的阶段，在复杂的传播场域中，无论是现实社会还是虚拟空间，新闻工作者在新闻实践中，面临着诸多挑战。新闻实践中有哪些因素对其社会责任的履行产生影响，以及在新的时代背景和环境变化中又有哪些因素干预其中，是我国新闻工作者需要关注的问题。

本书从分析我国新闻工作者社会责任的演变与发展轨迹入手，明确了媒体融合环境下，我国新闻工作者社会责任的现实要义与责任要求，从主客观之间的关联上系统地分析了媒介环境变化中新闻工作者社会责任变革的深层影响因素及解决策略。

从社会发展和媒体生态环境变化来看，我国新闻工作者社会责任的发展在中华人民共和国成立后经历了改革开放前工具性角色突出、改革开放初期政治责任与经济责任共进、媒体深化改革中履责困境加剧、媒体生态环境转变中责任要求更新这四个阶段。当前，我国进入变革和建设的新阶段，在整体社会推进和媒体融合逐步深化的过程中，我国新闻工作者社会责任的发展呈现出责任文化积淀缓慢、社会改革与技术发展双重冲击下责任内涵变化快速的两大特点。作为主要的责任承担者，新闻工作者面临着来自客观环境和主体行为上的困惑。

本书从技术、社会和心理等层面分析了我国新闻工作者社会责任的发展演变及影响履责的深层原因。从技术驱动层面，关注技术认知与掌握的滞后、新技术与传统思维的割裂以及新型新闻生产模式、呈现形式及传播渠道等。从社会影响层面，关注媒体产业变革所带来的经济压力以及价值理念和媒体管理方面的问题。在技术与社会的双重影响下，主体心理层面表现出因地位下降而导致的心理跌宕，因职业优势消解而导致的心理失衡，以及社会发展和技术革新下的心理焦虑等。

媒体融合不断深化的发展过程推动了媒介领域从单一形态向多维形态转变，其影响力从行业策略上升到国家战略，媒介生态环境形成了一种全局视野下的生态系统。外部环境影响着内部环境，内部环境融合和渗透到外部环境中，两种环境之间相互影响，相互作用。新闻工作者作为生态环境中的主体能动性元素，需要以一种动态、开放和预测性的思维来与媒介生态环境中的各元素保持互通，明确环境对新闻工作社会责任履行的影响与作用，把握事物的发展，明确新环境下履行社会责任需要努力的方向。本书以媒介生态的视角，从内部环境与外部环境两方面进行分析，为新闻工作者在媒体融合环境下履行社会责任探索了新的路径和策略。

本书的完成得到了江作苏导师的悉心指导，也感谢所有的帮助者。由于笔者水平有限，不当之处，请读者提出宝贵意见。

陈　妮

2022 年元月

CONTENTS

目 录

第一章 引 论……1

第二章 演变中的我国新闻工作者社会责任……18

第一节 我国新闻工作者社会责任状况回顾……18

第二节 我国新闻工作者社会责任发展演变的特点……26

第三节 新时代我国新闻工作者社会责任的要义和现实要求……32

第四节 我国新闻工作者的责任履行现状分析……41

第五节 我国新闻工作者履行社会责任中的现实问题……44

本章小结……55

第三章 我国新闻工作者履行社会责任的技术影响因素……57

第一节 我国新闻工作者社会责任发展的技术驱动分析……57

第二节 我国新闻工作者社会责任发展的内部因素驱动分析……64

本章小结……68

第四章 我国新闻工作者履行社会责任的社会影响因素……69

第一节 媒体产业整体转变……69

第二节 社会文化价值多元化……75

第三节 媒体管理措施有待完善……81

本章小结……84

第五章 我国新闻工作者履行社会责任的心理影响因素……85

第一节 新闻工作者的心理跌宕……85

第二节 新闻工作者的心理失衡……88

第三节　新闻工作者的心理焦虑 …… 93
本章小结 …… 96

第六章　我国新闻工作者社会责任履行的策略进阶 …… 97
第一节　媒介生态环境概述 …… 97
第二节　媒介生态环境的外部应对 …… 100
第三节　媒介生态环境的内部调适 …… 126
本章小结 …… 134

结　语 …… 135
参考文献 …… 138
后　记 …… 153

第一章　引　论

一、选题缘起

不同的时代背景和媒介环境要求新闻媒体及新闻工作者实现的社会功能和承担的责任也不同。西方社会责任论产生的背景是资本主义经济下新闻自由被滥用，一般公民无法通过媒体表达自己的意见与观点，失去了对自由主义论的信任。传媒领域中的新闻资源被少数垄断资本家所占有，信息的生产与传播主要服务于商业利益而未能有效满足社会公众需求。在这样的背景下，美国学者哈钦斯等人对新闻业所做的研究揭露了滥用新闻自由的危机，提倡在肯定自由原则的前提下，新闻媒体及新闻工作者需要担负相应的责任与义务。当时传统大众传播媒介正处在兴盛发展时期，传受关系明确、传播单向性强。然而，随着时代的发展和新媒介技术的不断涌现，信息传播格局发生了相应改变，主体因子既具有主体性又具有客体性，传统媒体垄断的局面被打破。以媒介资源垄断为前提的社会责任论，在当下媒介环境中已不能完全作为指导性理论对新闻媒体及新闻工作者实现适应性规范。近年来，西方新闻业的主要趋势之一就是政府部门、公共机构和非营利组织等多元主体参与复兴和扶持地方新闻业，它们一方面需要治理因资本逐利效应而导致的"新闻荒漠化"浪潮，另一方面需要重新思考它们在更大范畴上的社会责任。

时代发展和媒介环境变化不仅影响西方媒体及其从业者，还影响我国媒体发展。尤其是近 10 年来，微博、微信、短视频、直播等媒体形式的相继出现和广泛应用，不仅使传播中的互动越来越便捷，而且给公众提供了更加多元的意见表达渠道。以人工智能、算法、大数据为代表的技术集群更是推动了当下传媒产业全方位、系统性变革。经过改革开放 40 多年以及党的十八大以来的成果积累和发展铺垫，我国已进入新时代中国特色社会主义发展阶段，而媒介环境的变革也处于新的阶段。2014 年，我国媒体融合发展正式进入国家规划层面，我国提出了传统媒体和新兴媒体融合发展，遵循新闻传播规律和新兴媒体发展规律，强化互联网思维，打造具有竞争力的新型主流媒体等要求。在“十四五”规划中，党和政府继续强调“推进媒体深度融合，实施全媒体传播工程，做强新型主流媒体，建强用好县级融媒体中心”的目标。媒体融合的纵深发展，媒介环境的进一步变化对我国新闻工作者肩负社会责任方面提出了更高、更新要求。在社会进步与技术发展的双重驱动下，我国的社会责任观念在内涵与外延上不断丰富与扩展，亟须对其进行分析，使新闻生产实践与其发展相适应。本书将从阐述我国社会责任观念的演变与发展出发，以新闻工作者需要履行的社会责任作为主要内容，考察在新的媒介环境下，社会责任观念的演变与发展对新闻工作者的影响以及应对措施。

二、概念概述

（一）新闻工作者

1. 早期“新闻工作者”概念的发展

中国古代并未完全形成“新闻工作者”的概念，但在一些古籍中可以找到对“记者”一词的阐释。《朱子语类》（卷三四）中曾有：“后来记者却失上面一节，只做圣人自话记了。”宋代袁燮的《江阴军司法厅壁记》中有：“予以为书姓氏，列岁月，此记者之常体尔。”这两处出现的“记者”都为“作记的人”的意思。而元代马致远在《夜行船》中写：“分付俺顽童记者，便北海探吾来，道东篱醉了也。”这里的“记者”主要是“记着、记住”的含义。《管子・封禅第五十》中有：“桓公既霸，会诸侯于葵丘，而欲封禅。管仲曰有：‘古者封泰山禅梁父者七十二家，而夷吾所记者十有二焉。’”[①] 这里出现的“记者”一词，主要是“记住、记叙”的意思。据文献考证，我国古代的报纸最早出现在唐代，由于藩镇制度的发展，当时的情报活动已同信息传播联系得十分紧密，官报在此背景下诞生，负责官报事务的进奏官一般由地方派遣，不受朝廷的管辖。到了宋代，官办邸报进一步发展，中枢部门负责管理邸报。与官方的邸报相比，宋代非官方小报更具时效性，有一群以探寻和售卖信息为业的人员，他们在反映社会动态、官方政事等方面速度非常快，制作的小报内容丰富，可读性强，更贴近“新闻”的特质，而官方邸报则仍作为封建统治者的信息传递工具存在。而后，古代报纸发展越来

① 黎翔凤. 管子校注［M］. 北京：中华书局，2004：953.

越成熟，到清朝前期的“京报”出现时，报纸有了固定报名和形式，有专业的编印和发行机构，从业人员分工明确，从结构上来讲，古代报纸在一定程度上已具有专业行业特性。整体来说，中国古代的信息传播活动虽然有所推进，但受封建制度与自然经济的影响，发展较为缓慢，其形式和内容并未有太大变化，内容主要关注的仍是皇权和官方信息，对于“记者”身份也主要侧重于“记录者”的界定，与现在所说的报纸和新闻工作者还有一定差距。

2. 近代对新闻工作者的理解

“记者”一词与新闻工作者的称谓有紧密的连接，这是中国社会的巨大变化导致的。民国初期，新闻工作者肩负着思想启蒙和寻求救国出路的新闻理想。大批有海外留学经历的知识分子，开始通过建立新闻团体和创办报刊，改造一些国人的腐朽思想。这一时期涌现出了许多著名的新闻工作者，他们把新闻工作与国家兴亡联系起来，坚持客观公正，致力于救亡图存，不畏强权，推动了我国近代新闻事业的发展。黄远生是中国新闻史上以新闻采访与通讯写作而闻名的记者，其采写的通讯被称为“远生通讯”。他秉持“主持公理，指斥时弊”的新闻理念，认为新闻报道要客观、公正、真实、全面。此外，当时还有刘少少、徐彬彬、林白水、邵飘萍等一批著名的新闻记者涌现出来，他们都有坚定的新闻理想和深刻的职业认同感。这一时期，我国新闻记者群体逐步走向职业化，其典型特征不仅体现为拥有一批具有职业精神的专职新闻从业人员，还体现为一些专业新闻组织逐步建立起来。美国学者麦金农（Stephen R. Mackinnon）曾提出：20 世纪 30 年代，记者对新闻职业性和职业身份开始重新认识，中国新闻业开始朝新的方向发展。[①] 新闻工作者职业化成为当时的核心问题。

3. 当下对新闻工作者的理解

当下对新闻工作者的概念呈现多角度的理解。从职业角度来讲，广义上，新闻工作者泛指新闻从业人员。编辑、主编、主笔等都属于这个范畴。狭义上，新闻工作者则指新闻机构中专门采写新闻的人员。[②] 新闻工作作为一种社会职业，必然有界定它的标准，需要通过职业特性将它与其他职业区别开来。虽然新闻专业与其他专业有所不同，它要求新闻工作者尽可能以大众化的方式让受众了解和接受新闻内容，但这并非指削弱其专业性，相反，这种方式更能体现出新闻职业的专业水准和要求。这些观点为区别一般的信息传播者和专业新闻工作者提供了参照。另外，从职业认知和职业认

---

① 田中初，刘少文.《记者周报》：同业媒体与新闻记者职业化［J］. 广东社会科学，2014（4）：107-114.

② 邓绍根.“记者”一词在中国的源流演变历史［J］. 新闻与传播研究，2008（2）：37.

同的角度来说，任何社会分工最初都只是一份工作，只有经过逐渐的职业化过程，员工具备一定的职业意识与品格后工作才能转变为职业。基于此观点可推知，每个人都可以进行信息传播但不一定都是新闻工作者。新闻工作者必须以新闻职业的责任和标准来从事新闻工作。只有那些具备相当程度的职业意识和品格且对新闻职业在功能、意义、价值等方面有较高认同感的新闻工作者，才能称得上职业新闻人，进一步讲，“一个人必须在从事事业的过程中知道自己该做什么，不该做什么，什么是值得做的，什么是不值得做的，什么是必须坚持的，什么是必须避免的，并从内心真正珍视这些价值，坚守这些原则”①。总而言之，就是对自己从事该职业有肯定性评价。当然，职业人并不仅仅要对该职业有肯定性评价，还需要有群体认同感。专业新闻工作者作为个体，如果在心理上对所属群体具有较高的认同感，即成员从主观上把自己与群体联系起来，就能实现身份和心理的贴合，成员能力就能得到发挥；若两者呈现社会认同的疏离或割裂，成员能力的发挥就会受到限制。可见，从职业化角度来看，能被真正称为新闻工作者的个体，不仅业务上能够精进，还能在职业认知和价值评价上形成自我认同或群体认同。

根据以上内容可以概括出构成新闻工作者概念的基本要素：第一，在专业媒体机构中专门从事新闻生产工作，并具有一定专业技能和业务水平；第二，遵守职业道德标准，履行相应的责任要求；第三，有对职业的认知和理想价值的追求，寻求身份上的社会认同和职业认同。

具体到本书中所提到的新闻工作者，主要是指在我国主流媒体中从事信息发现、选择、过滤、生产、加工、传播等新闻业务工作且具有新闻从业资格证的编辑、记者等专业新闻从业人员。需要强调的是，本书中所涉及的新闻工作者是指专业新闻机构中从事新闻活动的核心力量，主要承担新闻生产与价值传播等新闻实践活动，并不包括媒体组织中负责媒体运营和广告经营以及其他非新闻业务的工作人员，同时也区别于新媒体和自媒体中没有从业资格证的新闻工作人员。此外，本书主要关注的是大陆地区（内地）的新闻工作者，并未涉及台湾、香港和澳门等地区的新闻工作者。

（二）责任与社会责任

1. 责任与社会责任的基本内涵

在《古代汉语字典》中，“责”与“任”各有其含义。“责”的含义主要有：①索取；②责令、要求；③责备；④处罚；⑤责任。而“任”的含义为：①抱、背、担荷；

---

① 樊亚平. 中国新闻从业者职业认同研究（1815—1927）[M]. 北京：人民出版社，2011：3.

②负担、承担；③负担、担子、责任；④任用、使用。《现代汉语词典》中对“责任”则有两种解释：①分内应做的事；②没有做好分内的事，因而应当承担的过失。①

“责任”在英语中通常用 responsibility、accountability、obligation、duty 等词表达，以前两者居多，其意主要指：行为主体对其行为以及后果的一种担当。中西方对“责任”的基本阐释都体现出责任主体被赋予了某种资格，需要为完成相应任务而承担相应的后果，在没有完成分内事务时会受到某种问责。

社会责任主要指个人或组织所承担的高于自身目标的社会义务。② 生存在社会中的个人或组织，除了要考虑自身需求以外，还需要考虑自身的行为给社会带来的影响。全体社会成员都须承担一定的社会责任，个人的责任只有在社会中履行才能产生意义。而媒体的社会责任则主要指新闻媒体需要在维护社会安定、国家安全和公众身心健康等方面承担法律、道德责任和社会义务。③ 作为社会组织的新闻媒体所承担的社会责任，往往通过新闻工作者的思想和行为具体体现出来。

2. 几种责任关系的辨析

（1）道德责任、法律责任和社会责任的关系

在《伦理学大辞典》中，道德责任被界定为：“人们对自己行为的过失及其不良后果在道义上所承担的责任。”“马克思主义认为，人的行为虽然受到客观必然性和社会历史条件的制约，但是人又具有主观能动性，有辨别是非、善恶的能力，对自己的行为具有一定的选择自由，必须承担相应的道德责任。”④ 道德责任反映了社会发展的客观规律和道德规范。从客观上讲，每个社会成员都必须担负他（她）对民族、国家、团体或他人的道德责任。而从主观上来说，道德责任与个体的主观意识和行为紧密相关。而从主观上来说，道德责任与个体的主观意识和行为紧密相关。道德责任的贯彻往往体现在个体行为上，每个社会成员都要考虑自己行动的动机和随之产生的后果。道德责任的履行不具有强制性，因此个体主要依靠责任主体内心的信念和高度的道德责任感。

法律责任有广义和狭义两种界定。广义的法律责任是指任何组织和个人所负有的遵守法律、自觉维护法律尊严的义务。而狭义的法律责任是指违法者对违法行为所应承担的具有强制性的法律上的责任，法律责任同违法行为紧密相连，只有实施了某种违法行为的人（包括法人），才承担相应的法律责任，法律责任的履行是以国家强制力作为保障的。

---

① 中国社会科学院语言研究所词典编辑室．现代汉语词典［M］．北京：商务印书馆，2002：1574.

② 本书编写组．马克思主义新闻观十二讲［M］．北京：高等教育出版社，2019：135.

③ 童兵．中西新闻比较论纲［M］．北京：新华出版社，1999：364.

④ 朱贻庭．伦理学大辞典（修订本）［M］．上海：上海辞书出版社，2011：37.

在关于新闻媒体和新闻工作者责任问题的研究中，对于道德责任、法律责任和社会责任的关系，我国有部分学者认为，狭义的社会责任就是道德责任。而更为广泛的观点认为，社会责任包含道德责任和法律责任。比如，黄瑚教授将社会责任论归纳到道德理论的范畴中；杨保军教授认为，新闻职业工作者应当承担和具备什么样的职业责任感是新闻道德理论研究的核心问题，责任感是新闻工作者对所从事的职业在社会意义和社会价值上的一种体悟，是勇于承担后果的意识。① 从整体上来讲，新闻媒体所承担的社会责任，在新闻工作者个体层面主要在职业道德方面反映出来，新闻道德规范反映着新闻工作者应当承担的具体的社会责任。当然，也有些责任的履行会上升到法律高度。

（2）职业责任和社会责任的关系

职业责任与社会责任之间相互联系。职业责任是指人们在一定职业活动中所承担的特定的职责，它包括人们应该做的工作和应该承担的义务。职业责任是由社会分工决定的，是职业活动的核心，也是构成特定职业的基础。从权责关系的角度来说，马克思主义新闻观认为，新闻传播权是人民赋予的，因此媒体及其新闻工作者必须为人民服务。新闻媒体和新闻工作者掌握着重要的传播资源，同时享有受法律保护的新闻报道权和舆论监督权，这些都是人民赋予的。根据权责相当的原则，服务社会大众、承担更多社会责任是对新闻媒体和新闻工作者的职业要求。

然而，职业责任与社会责任又有一定的区别。涂尔干认为，每一种职业的职业责任和职业伦理都有其独特之处，比如医生、律师和新闻工作者所持有的职业伦理是不一样的，各具特殊性。就像医生有时对病人隐瞒病情，仅告诉病人的亲属实情，以减小病人受到的心理冲击，但对于新闻工作者而言，撒谎是最大的职业禁忌。职业伦理不等同于公共意识，它并不是所有社会成员共同的伦理，所以并非每个人都能够了解这些伦理究竟是什么样子，应该是什么样子，或者在运用时个体之间究竟有什么样的道德关系。② 就新闻工作而言，杨保军教授从社会学的视角分析，认为新闻工作者在职业行为中的地位包括职业地位和社会地位，进而新闻工作者会有职业期望和社会期望，因此产生职业责任和社会责任。从责任对象上来说，职业责任强调对职业行为和要求负责，社会责任更强调对社会负责，但从责任归属来看，职业责任和社会责任都属于媒体社会责任的内容。

总体来说，职业活动是人最基本的社会活动，因此，个体在职业活动中的行为也属于社会行为的一部分，个体承担的职业责任也体现了社会责任的职业分工。对别人产生的影响越大，所承担的责任就越大，新闻事业的特殊性质决定了新闻媒体和新闻

① 杨保军．新闻职责及职业责任感内涵分析［J］．理论视野，2010（5）：46-48.

② 涂尔干．职业伦理与公民道德［M］．渠东，付德根，译．北京：商务印书馆，2015：7.

工作者所承担的社会责任要比其他一般社会成员大。

3. 社会责任的构成要素

社会责任包含的基本要素有：责任主体、责任对象和责任践行。

（1）责任主体。责任主体所涉及的是谁来承担社会责任的问题。在新闻传播系统中，涉及从发现、生产、把关到传播新闻信息的整个过程中各个环节存在的主体，他们拥有的权利和承担的责任各不相同。因此，在任何一个环节上的责任主体出现过错都可能造成新闻报道无法真实、准确、全面、客观地呈现。另外，由于政府以及受众对新闻报道均会产生相应的影响，因此，政府和受众也应该承担相应的责任。但是，由于新闻传播的话语权问题，最主要的问责对象还是新闻工作者和其所在的新闻媒体。社会责任主要指对社会应负的责任，它一般表述为一种组织或者群体责任。但在关注社会责任时，不可能完全忽略依托于组织或群体的个人作为社会成员所需要履行的义务，而空泛地去探讨组织或者群体的社会责任问题。不仅如此，社会责任的建构和维护，还需要个体共同建立普遍的责任原则。新闻工作者作为媒体组织成员，自然也是承担社会责任的主体。在社会责任的承担问题上，西方将责任主体明确指向从业者个人，新闻工作者作为责任主体应当毫不犹豫地承担自己行为的一切责任。而我国的社会责任主体则首先指向媒体组织，在主体的界定上具有二元性，集体或群体会分担一部分个体责任。笔者认为，脱离个体单纯地去讲媒体社会责任问题是空虚的、不现实的，媒体组织要实现其社会责任，如果不将责任落实到新闻工作者个体身上，也无法保证其责任的正常履行，因此，新闻工作者是媒体社会责任实现的基础。

（2）责任对象。责任对象所涉及的就是对谁负责，为谁提供服务的问题。西方媒体认为自身是“社会公器”和“公共论坛”，作为“第四权力”的代表来监督和制衡政府，但西方资本主义国家的社会基本矛盾导致西方媒体无法履行其所称的社会责任。我国新闻工作者的责任对象包括三个：首先，对公众负责。新闻传播的目的是满足人们在社会生产和生活实践中的信息需求。公众需要新闻工作者为其提供信息资源，以满足其了解和适应外部环境、充实精神文化生活、提升思维能力和价值判断能力的需求。其次，对所在的国家和社会负责。新闻信息传播能影响社会舆论走向，形成社会主流意识，对维护社会的整体稳定与发展起到关键作用。我国新闻传播主体的一个重要角色就是党和国家的“耳目喉舌”，主要任务是实现政治宣传、引导舆论和教化公众等功能。我国新闻传播主体的责任对象往往与政治对象存在着一致性和重叠性，主要服务于党和政府的政治需要，服务于社会公众的公共利益，对社会的和谐稳定、国家和民族的发展进步负责。最后，对整个人类社会负责。在全球化背景下，虽然世界各国在意识形态上有差异，但在信息传播的社会功能上则有着共通之处。新闻传播的根本目的是为人类的生存和发展提供信息保障，为人类的生存发展提供良好的社会秩序和环境，促进文化的传承、文明的发展，以实现人类社会的共同繁荣。

（3）责任践行。责任践行主要涉及新闻传播主体在其自身角色中需要承担怎样的责任以及如何履行相应责任的问题。社会责任履行中包含着积极的责任履行与消极的责任履行。积极的责任履行主要指激发人自身的美好人格，使他们主观上形成自律和追求高尚的道德标准，这是责任实现的理想形式；消极的责任履行则主要体现为履行的义务中有强制性的底线要求。底线要求既是最低的道德保障，也是法律为防止底线失守而设置的硬规范，以及为承担后果而设置的惩戒手段。在我国社会变革和发展过程中，新闻工作者作为重要的传播者，只有更有效地履行社会责任，才能更自由地使用法律所赋予的权利。

综上所述，媒体的社会责任需要新闻工作者在新闻活动中履行，并在具体工作实践的动态过程中实现。新闻工作者的社会责任是媒体社会责任的延伸和具体体现。媒体履行社会责任是建立和提升其公信力的基础，而作为具体的实践个体，新闻工作者需根据自身的社会角色和需要完成的任务来实现媒体社会责任。

三、中西方关于新闻工作者社会责任问题研究

（一）西方新闻工作者社会责任问题研究

1. 早期办报人的自律与责任意识

西方早期办报人的自律与责任意识主要体现在其办报的方针或宗旨上。19 世纪，在政治民主化、经济工业化、社会城市化进程的推动下，美国在社会结构、文化和政治方面开始转型。新闻业（当时主要是报业）运作模式和技术的变化促进了行业的变革，报纸从关注政治转向关注平民，市场意识更为显著。这一时期，整个行业尚未形成明确的社会责任观念，西方新闻工作者在其办报宗旨和新闻实践中体现出社会责任意识和职业自律意识的初步萌芽。例如，叶霍勒斯 · 格里利作为《纽约论坛报》的创办人，他在论述办报理念时提出，“努力维护人民的利益和他们道德的、社会的和政治的权益……摒弃许多著名便士报上的不道德的、下流的警察局新闻、广告和一些其他材料”①。这体现出明显的对民众负责的意识。而《纽约太阳报》的 13 条规约（查尔

① 张隆栋，傅显明 . 外国新闻事业史简编［M］. 北京：中国人民大学出版社，1988：69.

斯·达纳，1868），则要求该报从业者采访人物时，未经被访者许可不得发表采访内容，发表别人已发表的材料要注明材料来源，新闻与广告分开等。这一时期，西方对新闻工作者履行社会责任的要求，在观念上主要体现为从职业道德角度出发，要求新闻工作者重视新闻消息来源的可靠性、真实性和客观性等。随后，新式新闻事业的发展，强化了新闻工作者在实现社会功能方面的责任意识，新闻工作者通过职业规范加以自律。19世纪末到20世纪初，报纸行业趋于成熟，对广告日益依赖，行业竞争加剧，这也促进了新式新闻事业的发展，具体体现为报刊越来越企业化、垄断化，公共舆论趋向非理性化。在此背景下，新闻工作者对社会负责的问题更为敏感。

步入20世纪后，传播资源的垄断和新闻自由的滥用使西方新闻行业再次自觉关注责任问题，主要表现为多个新闻专业组织和职业规范出现。例如，1923年，美国报纸编辑会的《新闻道德律》中第一条就强调做报纸要有责任心，要忠于公民利益，同时该《新闻道德律》中还涉及新闻自由、独立性、正确性、公正公平、庄重且避免卑劣行为等内容。随后，全国广播工作协会、美国广播工作协会、无线电电视新闻指导人协会等纷纷制定了各自的职业规范和准则。1934年，美国报业工会第一届年会通过的《新闻道德准则》中强调，记者的首要任务就是向公众报道正确的、无偏离的事实，新闻记者要坚持正确与公正的原则。这一时期出现的一系列的行业规范促进了社会责任理论的提出。

总体来讲，早期西方新闻工作者的社会责任虽然没有形成系统的理论观念，但在具体要求上主要关注职业道德中的自律意识和社会功能实现。

2. 社会责任论对新闻工作者履行社会责任提出的要求

滥用新闻自由唤起了学界和业界对责任意识的拷问。美国是较早实行新闻自由的国家之一，但新闻行业的自由权利过大导致美国新闻工作者大多没有自律意识，新闻自由滥用问题极为严重。正因如此，新闻工作者需要负有社会责任的思想也起源于美国。从20世纪40年代开始，美国对社会责任的研究逐步发展起来。

美国新闻自由委员会发布的报告《一个自由而负责的新闻界》（后文也称之为哈钦斯报告）中，明确提出反对新闻的绝对自由，自由应伴随着义务与责任，强调新闻报道需要对社会负责，重视职业精神的建构。报告中还清楚地反映了当时新闻工作中诸如新闻低俗化、夸大或贬低新闻价值、不核实信息来源、新闻过度煽情等责任失范现象，并说明造成这些问题的根本原因正是媒体及其工作者缺乏责任的约束；同时指出社会责任涉及报刊利益、公众利益与社会利益，强调不仅要守住“消极自由”，更需要追求“积极自由”。报告中对新闻工作提出了具体要求：第一，在强调报道的准确性上，特别说到了责任链条的第一环，就是面对新闻来源的记者，[①] 要求记者重视信息来源的权威性，寻找第一手资料而非道听途说，同时还强调事实与观点的剥离；第二，重视搭建意见交换和公共讨论的平台，促进沟通和理解；第三，呈现真实的社会形象，让受众形成对其准确的认识以及尊重和理解；第四，明确自身的社会教育功能，阐明社会的价值观和目标；第五，让公众充分接触当日信息。该报告的负责人哈钦斯希望新闻工作者在执行和完善这些责任要求的过程中逐步形成工作者职业化精神。威尔伯·施拉姆等人所著的《报刊的四种理论》（1956）在哈钦斯报告的基础上系统阐述了社会责任论，提供了“责任”在自由主义论和社会责任论下的不同解读，进一步明确了新闻工作者的社会责任意蕴。书中认为言论自由是负有义务的道德权利，道德不是对个人，而是对社会利益的义务，以个人对他人的思想和良心的义务为基础。这有别于新闻自由主义理论中，将言论自由视为一项自然权利且是不负有任何义务的权利的观点，再次强调新闻工作者需要对社会而非个人负责。

20 世纪 80 年代，西方对社会责任的理解和研究进入了多样化阶段。有多位学者对责任问题提出了各自的理解。例如，路易斯·霍奇斯从人和人的相互联系出发，将责任分为指定式责任（新闻工作者的一部分责任来自政府及其所在的媒体组织所指定的责任）、契约式责任（新闻工作者与媒体组织或者公众之间订立契约，自愿承担或履行某些明确或隐含的责任）和自愿式责任（新闻工作者自愿将责任融入职业道德自律价值体系，自觉承担责任）。而丹尼·埃利奥特则提出与霍奇斯不同的观点，他从媒介的职能出发，认为责任是义务或职责，它由职业道德要求决定。同时，他将责任表述为媒介在社会中所具有的功能、媒介机构在其所服务的社区中应发挥的作用、大众媒介从业者的自我价值体系。他还将责任分为显性（公开承诺的责任）和隐性（新闻工作者接受所在媒介组织的工作标准，履行职责并对自己的行为负责）两种形态。约翰·梅里尔把责任分为由政府法定的责任、由大众媒介机构自身的专业标准界定的责任以及由新闻工作者个人界定的多元化责任。他认为责任是多元化的，应该尊重新闻工作者的个人选择和决定，但这种观点也被一些学者认为是使媒体产生错误行为的诱因。克利福德·G. 克里斯蒂安、菲利普·帕特森和卡伦·桑德斯等学者则从媒介伦理理论和模式（即波特图式、应用伦理学以及中庸之道、绝对命令、功利主义、多元价值论和社群主义等几个经典伦理准则）出发，结合大量案例来解析新闻工作者在道德行为上的伦理与责任问题，强调媒介伦理学对于社会责任的核心作用和意义。卡

① 新闻自由委员会 . 一个自由而负责的新闻界［M］. 展江，等译 . 北京：中国人民大学出版社，2004：12.

伦·桑德斯在《道德与新闻》中提出:“提高新闻业的道德素质，即将个人责任与社会责任都看作职业素质的一部分，可以取得很大的成绩，这都是依靠法律和条例所不能达到的。”[①]强调伦理对积极的“社会责任”的履行有着底线规范所不能及的作用和效果。这一时期的学者们对社会责任有了更为多元的研究视角，阐述了新闻工作者面对所处的媒介组织、当下的政府和制度、与公众的关系以及自身的媒介素养，需要承担媒介组织应该承担的社会责任、为政府与制度服务的责任、为公众服务的责任以及提升自身道德水平为社会服务的责任。

综上所述，西方国家往往将社会责任的归属落在个体身上，因此对社会责任的研究更具有个体针对性。西方社会责任论对新闻工作者履行社会责任的研究主要涉及以下几个方面：第一，有关公共利益服务的责任；第二，有关对政府进行监督与批评的责任；第三，有关伦理道德建设的问题，旨在通过提高新闻工作者的自律性，强化他们的新闻专业理念，提升他们的职业精神，进而促使他们自觉履行社会责任和义务。新闻自由是以道德和法律为基石的相对自由，它以提供理性的约束力来引导人寻找和服从真理。因此，主要是职业组织发布相关责任准则和标准对新闻媒体以及新闻工作者进行规范，属于用自律方式来实现社会责任。

（二）我国新闻工作者社会责任问题研究

1. 我国新闻工作者社会责任的规范与要求

（1）我国新闻工作者社会责任的规范

新闻工作者要承担社会责任首先需要具备相应的责任能力，而责任能力又以责任意识为基础。责任意识的建构与制约，主要体现为新闻职业道德要求在观念和行为上对新闻工作的规范。从行业规范的建构与发展来看，我国新闻工作的职业规范随着时代的发展在不断完善，中华全国新闻工作者协会（后称“记协”）针对新闻工作者和媒体自律问题采取了一系列措施。1991 年，“记协”出台了《中国新闻工作者职业道德准则》(后称《准则》)，此后又修订出台了四个版本（分别于 1994 年、1997 年、2009 年、2019 年进行了四次修订)，《准则》的制定和前三次的修订，都能体现出“记协”立于现实、与时俱进的思想。《准则》中对具体问题的规范和原则要求，是新闻工作者重要的实践依据和责任标准，但随着媒介环境的变化，新闻实践工作中出现的具体问题越来越复杂，出现的新情况也越来越多，这就容易导致新闻工作者在具体操作中缺乏清晰的职业行为标准认知。2019 年 12 月 15 日，“记协”对《准则》进行了新一轮的修订。

---

① 桑德斯 . 道德与新闻［M］. 洪伟，等译 . 上海：复旦大学出版社，2007：220.

此次修订主要针对10年来我国新闻事业以及新闻工作者所面临的社会发展状况和媒体环境的变化进行的，特别是将习近平总书记有关新闻舆论工作的一系列重要讲话和文献中体现出来的党和政府对当前新闻工作的指示和要求写进了《准则》当中。在此版本中依然保持了坚持全心全意为人民服务的根本宗旨，强调“三个统一”，即党的主张与民心统一、正确导向与通达民意统一、正面宣传与舆论监督统一；在总体思想上则加入了习近平总书记对新闻工作者提出的加强“四个意识”、“四个自信”、“两个维护”和“四向四力”等内容。从整体上来看，《准则》依然是以指导性为主、操作性为辅，但此版本是在社会发展迈进新的历史阶段背景下修订的，不管是从指导思想上还是从所涉及的新的具体问题上，都做了进一步完善，特别是在违反职业精神和职业道德要求的具体内容上，突出了当前媒体融合过程中我国新闻工作者实践活动中的薄弱环节和典型问题。例如，第二条中涉及严守道德伦理底线，坚决抵制低俗、庸俗、媚俗等内容，第六条中提到了新闻作品的版权问题，反对抄袭、剽窃、严重歪曲文章原意、断章取义等不当摘转行为。

《准则》作为我国重要的职业规范性文件，它的修订体现着我国社会发展对新闻工作者的职业需要和职业约束，有利于在思想上和行为上对新闻工作者进行规范性引导，以使他们适应现下的环境，在督促和推动新闻工作者有效履行社会责任上起到了积极作用。

（2）《媒体社会责任报告》中的新闻工作者社会责任要求

自2014年起，由“记协”推出的《媒体社会责任报告》体现了我国进一步加强新闻行业自律，推动和强化媒体以及新闻工作者社会责任意识的决心。2014年的《媒体社会责任报告》的《前言》中提及，传媒格局的变化和市场化程度的加深，造成了一些媒体对社会责任有所忽视或出现理解偏颇，因此，希望通过制作《媒体社会责任报告》“推动各级各类媒体强化社会责任意识、自觉主动履行社会责任，提升全行业公信力，确保新闻事业健康发展”①。首发的《媒体社会责任报告》中明确提出了我国媒体的社会责任重点，主要包括：正确引导责任、提供服务责任、人文关怀责任、繁荣发展文化责任、遵守职业规范责任、履行合法经营责任、安全刊播责任、保障新闻从业人员权益责任等。参与《媒体社会责任报告》的媒体2014年首批11家，到后来逐年增加，其中绝大多数媒体责任报告内容由中央以及省市级的传统主流媒体提供。部分主流媒体的新媒体形式被写入了报告，比如在《媒体社会责任报告》中，连续几年《中

① 中共中央宣传部新闻局．媒体社会责任报告（2014年卷）［M］．北京：学习出版社，2014：前言．

国青年报》的责任报告内容都涉及了其全媒体转型全面提升了责任履行能力的内容。除此之外，参与的媒体中新形态媒体的数量在不断增加，澎湃新闻、湖南红网新媒体集团、华龙网、封面传媒等都提交了责任报告。可见，《媒体社会责任报告》在主流媒体中具有极强的影响力，它不仅涉及传统媒体紧跟社会发展趋势内容，还涉及整体行业对社会责任问题的探讨的内容。《媒体社会责任报告》除了强调媒体组织责任以外，还关注个体。2015 年的《媒体社会责任报告》中明确提出了新闻工作者的社会责任要求：第一，“在思想观念上强调要对党负责、对人民负责、对社会负责，在新闻实践中强调要始终把社会效益放在首位，把社会效果作为评判标尺，更好地发挥新闻宣传工作在党和国家事业上的重要作用”[①]。把对党和人民负责，为社会公共效益服务作为新闻工作者履行社会责任的基本要求。第二，服务于社会发展，记录和参与改革过程，引导民众适应和把握新常态环境，促进社会发展理念的落实和推进。第三，正确引导舆论，既是新闻工作者的政治使命，又是新闻工作者必须承担的社会责任。第四，弘扬社会主义先进文化，传播文化精髓，推崇高尚精神，加强核心价值观宣传，承担引领社会进步的责任。第五，新闻工作者要更新理念，提升业务素养，掌握先进的传播技术，不断提升新闻报道水平，同时强调要遵纪守法，不踩法律底线。

行业规范是新闻工作者履行社会责任的重要标准。我国不断完善的新闻职业道德规范为新闻工作者实现职业行为自律提供了依据。

2. *我国对新闻工作者与社会责任理念的研究*

从上述对新闻工作者的界定和对中西方社会责任理念发展的梳理中，我们不难发现，长久以来，我国有关社会责任问题的探讨主要涉及主观精神层面，归纳起来，主要体现在以下几个方面。

第一，新闻职业道德与社会责任的关系。有关新闻工作者社会责任方面的研究，最为集中的就是涉及新闻工作者职业道德和职业规范的研究。陈力丹教授（2008，2012）通过问卷调查和深度访谈的方式，对我国新闻工作者的新闻职业道德和规范进行了深入分析，他从我国新闻工作的原则、职业角色、利益冲突和新闻业务等方面阐述了新闻工作中的职业道德缺失和职业失范的具体表现，并通过对新闻工作者自述性的描述，将失范现象归因于主观意识问题，突出阐释了个人职业道德意识对职业责任履行的重要性。黄瑚教授（1995）则从新闻职业道德观念建设的角度分析，他认为，社会责任论的提出为新闻职业道德建设提供了理论基础且促进道德建设迈入新的发展

---

① 中华全国新闻工作者协会．媒体社会责任报告（2015 年卷上）[M]．北京：学习出版社，2016：代序．

阶段。在道德观念建设上，他将社会公德与职业道德的发展联系起来，强调社会公德及其发展水平对新闻职业道德具有联动性的影响，社会公德的进步或倒退会直接关联新闻职业道德水平的上升或下滑。他还指出，由于世界各国制定的新闻职业规范只是制约从业者的行为而未能深入影响其内在的道德信念，因此在实践中人们往往把自己的理解强加到这些规定上。范以锦教授（2014）提到了我国政治因素对职业道德的影响，他指出，不同时期的社会生态尤其是政治生态对新闻职业道德的影响显著，虚假新闻、有偿新闻、新闻敲诈等失范现象都和社会的转型与发展密切相关。当然，他也强调新闻职业道德虽然受社会环境的影响，但职业道德问题需要主体主动积极地去解决。相较于改革开放的前 30 年，我国近 10 年来的媒介生态环境发生了巨大变化，新闻工作者自然也受到了变革的影响。随着整体客观环境的改变，社会责任、职业道德的内涵也发生了变化，新闻工作者作为责任主体，在工作中适应这些变化，更好地履行社会责任，这对于新闻工作者思想的提升和具体实践具有积极意义。

第二，有些学者将社会责任研究的重点放在厘清多种价值观念之间的关系上。丁柏铨教授分析了新闻伦理与经济资本的冲突对新闻真实性与公正性的影响。他指出，新闻伦理是社会伦理在新闻领域的延伸与扩展，而非独立存在于社会伦理之外。陈力丹教授（2005）从责任和权利的关系入手，认为传媒的社会职责在落实到新闻工作者身上的过程中被分解为个人职责、组织职责、专业职责和社会职责，社会责任最为宏观，个人责任则在最微观的层面，这几个职责之间是逐层递进的关系。他着重分析和阐释了新闻工作者在实践中因价值冲突而产生的社会责任失范行为。此外，还有一些学者主要从学理上研究新闻的伦理价值问题，如燕道成的《传媒主任伦理研究》（2010）与张曦的《马克思主义新闻伦理思想研究》（2016）均通过思想梳理探讨了新闻的伦理内涵、价值观念、价值冲突、伦理失范以及如何建立思想伦理价值等方面的问题。从该角度的研究来看，对价值观念认识的模糊是导致新闻工作者社会责任失范的一个突出因素，在媒介环境变革的过程中，伦理价值的多元化和复杂化进一步加大了新闻工作者价值判断的难度，在思想上坚持正确的价值观在当下显得极为迫切。

第三，从职业意识的角度看新闻工作者的社会责任。有些学者通过社会调查或者深度访谈的方式，分析新闻工作者的职业意识变化以及这些变化对其履行社会责任的影响。例如，张晓锋在《新闻职业精神论》中归纳和分析了新闻职业精神，审视了精神动力、职业行为和人文精神的缺失和失范问题。白红义在《当代中国调查记者的职业意识研究（1995—2010）》（2011）中则反映了我国调查记者从社会喉舌到倡导中立，从知识分子到新闻民工的转变过程中所遇到的问题。陈科在《改革开放以来中国新闻记者的职业意识变迁研究》（2013）中，分析在我国市场经济发展的不同阶段，我国新闻工作者职业意识与国家、市场和新闻行业等动因的关系。由上述学者的分析可见，在新闻工作者对社会责任的认识和履行问题上，不能单纯从主观意识角度来考量，也需要考量外在因素以及外在因素与内在因素之间的互动关系。

总体来说，我国对新闻工作者社会责任的研究主要从道德伦理思想或者价值理念的角度展开，涉及主体内在与外部环境因素之间关联性的分析较少。但随着社会的变革、技术的演变发展，媒介生态环境发生变化，新闻传播活动对社会生活的影响正在持续扩展，针对新闻工作者的社会责任问题的研究仍需与时俱进，进行关联性和发展性的探究。

（三）中西方关于社会责任问题的比较分析

关于社会责任理论的研究，我国有诸多学者关注西方社会责任论对中国社会责任问题的影响，对此问题的探讨不免会涉及中西方社会责任问题在各种因素上的比较和分析，这有利于促进我国社会责任理念的发展。从大体上讲，中西方的社会责任观念在基本的原则要求上有相通之处，但由于中西方的发展历史以及社会制度不同，因此，中西方的社会责任观念在理论和实际功能上自然存在差异，二者的异同总结如下。

1. 中西方社会责任理念的相似之处

中西方关于社会责任理念的相似之处主要有：第一，在基本原则上，中西方都强调自由与责任的关系，即新闻自由并非绝对的自由而是伴有责任和义务的相对自由。第二，在责任要求上，新闻媒体与新闻工作者在享有权利的同时也应对社会承担和履行相应的责任和义务，这主要包括坚持新闻的真实性、准确性、客观性，维护国家与社会稳定，引导社会价值观，维护公民权益，为公共利益服务等。第三，在原则和规范的基础理念上，中西方都主要还是从道德伦理而非法律强制的角度来阐述社会责任问题。

2. 中西方社会责任理念存在的区别

中西方由于意识形态和社会制度的根本差异，在社会责任的具体要求、规范和指标等方面存在着明显不同。

首先，从理论产生的根源看，西方社会责任论是以自由主义论为基础，是对自由主义论弊端的完善和修正，探求新闻自由权利与责任义务之间的关系。因此，西方新闻界认可政府的适当干预，但更重视新闻自由的优先价值。我国的社会责任观念来源于马克思主义新闻观，体现着鲜明的党性原则，重视新闻舆论的导向作用。不仅如此，中华优秀传统文化中蕴含着大量的伦理思想，是我国社会核心价值观念和人类命运共同体理念的思想源泉。因此，我国的社会责任观念中还蕴含着具中国传统道德伦理思想的责任意识。

其次，从角色与功能上看，西方新闻工作者主要认同自身传播者和解释者的身份，我国则重视政治服务与公共服务的统一。约翰・W.C. 约翰斯通（John W.C. Johnstone，1972）等人在关于记者角色问题的原始调查中发现了四种新闻职能：传播者（类似于中立者）、解释者（类似于参与者）、对抗者和民粹鼓动者。调查结果表明，人们通常认为一种职业担负一种角色功能，但新闻工作者对其职业角色的看法往往是多维的（Deuze，2002；Johnstone，1972；Weaver and Wilhoit，1996），他们认为大多数记者拥有一个以上的角色功能（Weaver，2007）。① 拉尔斯・威尔耐特（Lars Willnat）2013 年对“美国记者”的调查，（该调查涉及 2013 年在电视、报纸、广播、新闻杂志、新闻服务和在线媒体等行业工作的 1,080 名新闻专业人士）与他在 2002 年的调查（51%）相比，2013 年新闻专业人员中有更大比例（69%）的人员表示“分析复杂问题”非常重要（Willnat and Weaver，2014）。从 2002 年（71%）到 2013 年（78%），记者对“调查”的重视程度有所增加，2013 年的调查内容显示，解释角色是最重要的，与此同时，传播者帮助公众快速获取信息的作用显著下降，只有 47% 的新闻专业人士认为这个角色“非常重要”，比 2002 年下降了 12 个百分点（Willnat and Weaver，2014）。在线媒体的出现，使记者认识到他们的优势在于深入分析而不是快速报道。对“美国记者”的调查结果表明，新闻工作者正在弱化一些传统的新闻角色。而在我国，党和国家的宏观政策对新闻工作者的职业角色定位有显著影响，不论是在《媒体社会责任报告》还是在《中国新闻工作者职业道德准则》中，对新闻工作者社会责任的要求都涉及了促进国家发展，传播先进文化，引导主流舆论，开拓媒体融合等方面内容。习近平总书记在党的新闻舆论工作座谈会上根据我国的社会发展变化明确指出，新闻工作者要做党的政策主张的传播者、时代风云的记录者、社会进步的推动者和公平正义的守望者。不论是从行业规范还是从国家的指导原则上，我国新闻工作者的职业角色在思想上都表现出了在政策引导下的政治服务性和社会公共性的统一。

中西方新闻工作者因职业角色不同，在新闻传播中承担的社会功能也有差异。西方的社会责任问题更多集中在经济功能与社会功能方面。黄旦教授在《负责任的公共传播者：事业化和商业化冲突中的新探索——学习美国新闻传播思想史札记》（2000）中提出：“所谓的报刊自由与责任，实质上也就是报刊在事业化（公共事业）和商业化

---

① JOHNSTONE J W C，SLAWSKI E J，BOWMAN W W.The professional values of American newsmen［J］.Public opinion quarterly，1972，36（4）：522–540.

（谋利）双重压力下如何运作的问题。”哈钦斯报告中所提出的要求，强调的就是为社会和公众服务的理念，它仍然是衡量专业性的标准。委员会想通过“唤起报刊作为一个公共组织所应具备的职业理想，来遏制现存的令人担忧的‘商业化’趋势，至少试图使二者达到平衡”①。而我国媒体的发展总是与国家治理、民族振兴相关，因此，国家命运与媒体之间的关系较之西方更为密切，媒体及从业者面对的是更为复杂的政治功能、经济功能和社会功能之间关系的问题。

最后，在社会责任论相关的具体要求上，西方对于社会责任的履行更重视具体的责任事项、明确的指标和科学的论证手段，具有较强的公共服务意识。比如，BBC 的社会责任报告关注公共目标、公共社区、新媒体技术发展、环境可持续发展和慈善事业等涉及公共价值和公共服务的内容，并通过大量案例来对各板块责任履行情况做专题的补充说明，报告中可视化和数据化等统计和量化内容充分，并且有第三方机构对责任报告内容进行监督。我国的社会责任理念与国家和政府宏观的政策方针相关联，在责任的设置和要求上更多体现党的宗旨与媒体责任、新闻职业道德的一致性，甚至明确表述了新闻工作者在社会责任履行方面的政治使命。我国的《媒体社会责任报告》基本符合了政府对社会主义事业发展的宏观指导原则。另外，哈钦斯报告中并没有让媒体自己承担全部社会责任的实行与维护工作，而是让媒体、政府和公众共同努力、相互作用来完成，而政府的强制性措施则是最后的手段和保证。我国社会责任观念则是将党和政府的利益与人民利益统一起来，媒体负责履行责任和义务。

总之，中西方在社会责任问题上的差异表明，我国新闻工作者要在合理参考和借鉴西方社会责任理论的基础上，充分遵循本国国情，根据我国的社会发展规律，探索在新的历史发展演变过程中如何履行好社会责任和义务，积极发挥新闻工作对社会发展的重要作用和功能。

① 黄旦．负责任的公共传播者：事业化和商业化冲突中的新探索——学习美国新闻传播思想史札记［J］．新闻大学，2000（秋）：8.

第二章　演变中的我国新闻工作者社会责任

第一节　我国新闻工作者社会责任状况回顾

从使用烽火狼烟到飞鸽传信，从报纸出现到电视普及，媒介的发展与社会进步紧密相关，都受到政治、经济、文化、技术等诸多因素的影响。每一次媒介的发展都伴随着新技术的进步、新媒体形式的产生以及新资源的发掘与配置。新闻工作者的社会责任同样会随着社会的进步产生新的内涵、特征与要求。我国新闻工作者社会责任的发展，呈现出社会责任文化积淀缓慢、社会与技术双重冲击下责任内涵快速演进的特点。中华人民共和国成立以来，我国新闻工作者社会责任的发展大致经历了四个阶段，改革开放前工具性角色突出，改革开放初期政治责任与经济责任共进，媒体深化改革中履责困境加剧，媒介生态环境转变中责任要求更新。

一、改革开放前工具性角色突出

从中华人民共和国成立到改革开放前，我国新闻事业的发展起伏不断，总体上看，新闻媒体在党和政府的统一领导和监督下，自身的主体性功能尚未完全发挥出来，新闻行业的经济属性和社会责任被次要化。

中华人民共和国成立初期，我国新闻事业面临着从服务战时需求转向服务社会常态需求的探索。我国当时逐步展开了社会主义改造工作。针对新闻事业的社会主义改造，一方面，党和政府大量创建具有社会主义性质的公营新闻机构，同时要求新闻工作者根据中华人民共和国成立后的时代特点和要求不断改进自身工作。具体体现在政府专门设立新闻总署来加强对全国新闻媒体和新闻工作者的统一监督。与此同时，“全国形成了以《人民日报》为首、以共产党机关报为核心的公营报刊体系，以新华社为主体的国家通讯网以及以中央人民广播电台为中心的国营广播网”[①]。在新闻体制的改革上，实行采编合一制和总编负责制，加强了编辑部门的集中领导和责任归属。此外，新华社在改革中开展了练笔运动以提高新闻工作者的业务水平。1956年，刘少奇同志在对当时新华社负责人的两次谈话中提出，要改进新闻工作者的思想与工作作风。他要求新闻工作者要有老实的态度，对事物要有深入的调查和分析，坚持真理，防止片面。他还强调稿件要署名，以加强记者责任意识等。可见，党在建设我国公有制新闻事业体系过程中，十分看重新闻工作者在业务和思想方面的提升。另一方面，政府通过入股、公私合营的方式对当时的私营新闻机构进行改造，对私营新闻机构的从业人员进行教育。私营新闻机构在中华人民共和国成立前，受到国民党新闻统制制度的影响，生存很艰难。中华人民共和国成立后，它们在业务上缺乏新的办报方式，较多报道低俗、庸俗内容，不能跟上党和政府对当时新闻工作提出的新要求。另外，在经济上，由于党报具有权威性，私营报刊的竞争力较弱，发行量逐步下降，从而经常自行停刊。在这种情况下，政府以公私合营的方式对私营新闻机构进行改组，而对于其中的从业人员，则主要采取团结教育的方式，帮助其树立新闻报道和宣传的基本原则，强调要实事求是，崇尚真实，向人民负责。党和政府对新闻事业的社会主义改造，从体制上促进了公有制新闻事业体系的建立。

当然，单从体制上转变还不能完全适应当时的环境，还需要从理论和方针上进行调整。分别于1950年和1954年召开的两次全国新闻工作会议就集中探讨了理论与方针的问题，会议总体上要求结合新时期的新特点，对全国新闻工作者提出联系实际、联系群众、进行批评和自我批评的基本工作方针。这一指导思想本有益于我国新闻工作的转型和发展，然而，我国当时在新闻工作的指导思想以及在新闻的采访、写作、编辑、评论、发行、管理等具体业务方面都大量照搬了苏联的理论思想和工作经验，虽然也获得了一些启发和发展，但盲目崇拜和生搬硬套的教条主义所带来的不良反应逐步凸显出来。

此后，由于政治和经济形态的变化，新闻事业的发展出现起伏。在1960年和1961年我国分别对新闻工作者工作作风问题提出整改要求，强调从实际出发，深入实际，新闻内容要翔实和实事求是，新闻报道要经过调查研究。但好景不长，1962年，新闻工作者再次迷失方向，没有发挥出“社会雷达”的功能。“文革”结束之后，我国新闻

---

① 吴廷俊．中国新闻史新修［M］．上海：复旦大学出版社，2008：397.

业整体环境的恢复相对滞后，但也可见一些明显的转变，比如“喉舌”功能开始恢复，媒体重新回到为党和人民服务的轨道上来，媒体的信息传播功能得到了一定体现。在文化内容方面，一批具知识性、教育性、文学性和艺术性的报刊复刊，满足了人们的精神文化需求。

二、改革开放初期政治责任与经济责任共进

1978 年至 20 世纪 80 年代初，是中国新闻事业逐步回归新闻本位的阶段。一方面，新闻行业对自身进行了拨乱反正，在新闻理念上进行了扭转与革新，“文革”时期被迫停刊的报刊复刊；另一方面，新闻媒体和新闻工作者发挥舆论监督功能，促进全国拨乱反正工作的开展。这些转变对新闻业的发展起到了强有力的推动作用，我国新闻工作迎来了全面改革，新闻业发生了明显变化。

1979 年 3 月，中宣部召开全国新闻工作者座谈会，阐述了当时新闻工作的性质和任务，要求新闻工作者发挥积极性、主动性、创造性，既要宣传党的政策，也要反映人民的意见，强调党性和人民性的统一。得到净化的整体社会环境和新闻行业自身环境为新闻业功能的恢复和之后的媒体改革提供了良好的社会环境和理论条件。

随着拨乱反正工作的完成，我国开启了现代化建设的新篇章。从十一届三中全会开始，我国的政治、经济发展进入新的阶段，新闻业也在新闻理念与实践方面迈入全面改革阶段。在经济改革和对外开放的大背景下，整个媒介生态环境得到了全面恢复与优化。由于党和政府将工作重心转移到了经济建设上，全国各行业都积极响应国家政策，将主要精力放在生产力发展和现代化建设方面，这为新闻工作者摆脱过度的政治依附提供了现实条件，新闻传播功能和经济利益诉求得到了更多关注，当然，这也是当时社会大众所关注的主要内容。经济生态对新闻媒体的影响不断加强，推动了媒体经营模式的转变，“事业单位，企业化管理”模式为媒体组织的运营和选人用人打开了新的大门，虽然此时的媒体制度在经济属性上依然模糊，但新闻媒体的收入不再纯粹依靠国家财政拨款，它们加入市场，经营模式变得更为灵活，有了部分经营收入。

社会发展为新闻事业的发展提供了空间，经济体制改革推动了新闻媒体管理体制和制度的变革。1978 年，我国的报纸只有 186 种，期刊 930 种，出版社 105 家，图书 1.5 万种，[①] 无法满足当时的宣传需求。“文革”结束后，新闻业迅速崛起，1980—1985

① 贾宇. 我国新闻事业 30 年来迅猛发展，新闻队伍发展壮大［N］. 光明日报，2008-12-10（2）.

年间，全国新创刊的报纸有 1,008 家，广电事业在“四级办”方针实施后异军突起。过去，我国新闻媒体长期属于行政单位，财政由国家负担，自身不考虑盈亏问题，但在经济建设背景下出现了“新闻是不是产品”“新闻商业化”等方面的讨论，媒体尝试将广告作为收入渠道之一。1979 年 1 月 4 日，《天津日报》刊登了一则牙膏厂的广告，这是中华人民共和国成立以来第一条商业广告。同年，上海电视台播出了中国第一条电视商业广告，随后各家媒体纷纷引入广告业务。此后，广告成为媒体重要的信息内容，媒体的商业属性开始萌芽。此时媒体的经济理念也逐步被业界媒体人和学界研究者们所接受，这为日后传媒经济的发展提供了动力。在媒体进入市场过程中，由于在媒体属性问题上出现了争论，传媒经济的推进一度受阻，之后，中央进一步提出市场经济的相关运作机制，强调市场经济与计划经济协调发展。虽然当时在媒体属性问题上仍有争论，但“事业单位，企业化管理”的经营思路逐步成熟。

社会变革不仅给新闻机构带来了影响，也使得身处其中的新闻工作者的职业功能和所承担的社会责任发生了转变。新闻媒体的格局逐步多样化和层次化，新闻工作者的职业规划和选择也有了更多可能，其在自主性和创新性上得到了一定的思想解放，在保留对新闻理想的追求基础上，新闻工作者个人职业理想与新闻价值实现高度统一。最为典型的就是深度报道的兴盛，新闻记者将事实叙述和评论相结合，挖掘各种材料并加以综合分析，全方位揭示事件真相。新闻工作者不单是事实的单纯表述者也成了事实的评析者，传播主体的地位也有所提高。此外，针对“文革”时期的“假、大、空”现象，各媒体都强调一定要坚持客观真实、精练准确的原则。新闻工作者不仅是单一的宣传者，还成了时代的记录者和舆论的引导者，在新闻采访和报道中，新闻工作者作为宣传者除了对国家的大政方针进行宣传和提供舆论支持以外，还着眼于发现改革中具体的变化和发展现象。同时，他们加大了反映民生、民意、民情的内容，制作了一些及时发现和披露问题的批评性报道，舆论监督责任有所凸显。

改革开放初期，新闻工作者的政治责任仍然占有重要地位，不过此阶段经济和公共服务方面的责任也逐步凸显。

三、媒体深化改革中履责困境加剧

20 世纪 90 年代，在邓小平南行讲话和党的十四大之后，经济体制改革和对外开放政策的执行进一步深化，新闻业迎来了高速发展的大好时期，进入产业化发展阶段。党的十四大明确提出建立社会主义市场经济体制，在这一目标之下，媒介产业化的理念逐步凸显。以报纸为例，1992 年，国家新闻出版署在全国报纸管理工作会议上明确了报纸的属性，其中特别指出了报纸的商品属性。此后，在市场化的推动下，我国的报纸数量急剧增加，到 1996 年，我国公开发行的报纸数量增至 2,200 多种。新闻媒体受经济生态扩展的影响开始积极面向市场，媒体之间的竞争加剧。主流媒体为巩固其权威地位和适应市场化的发展，开始尝试更多适应市场竞争的经营方式。以报纸为例，各大报社纷纷创办了都市类报刊，南方日报社创办的《南方都市报》、湖北日报社创办的《楚天都市报》等积极占领市场份额，之后作为中央权威媒体的人民日报社和光明日报社也创办了自己的都市类报纸。除都市报以外，专业报、晚报、生活服务报等不同类型的报纸也快速发展起来，它们以市场为导向，更关注受众需求，市场化意识更为显著。此外，随着媒体竞争的加剧和媒体经济规模的扩大，政府开始关注报业整合。1994 年，国家新闻出版署在“全国首次报业集团问题研讨会”上提出了报业集团化的经营方式。1996 年，广州日报报业集团成立，它是中国成立的第一个报业集团，随后南方日报报业集团、羊城晚报报业集团、光明日报报业集团、经济日报报业集团等陆续成立，这是我国媒体行业深入适应市场的重要体现。市场化的进一步发展，促进了媒体体制的深化改革，新闻工作者在变革中也开始积极利用传媒经济学的成果看待媒体的属性和功能问题。这一时期的新闻工作者强化了自身对专业技能、行为规范等方面的认识。在媒体改革过程中，新闻工作者仍承担着作为党和政府“喉舌”的政治责任，不过在市场经济的推动下，他们的商业意识明显增强，社会变革的参与者和观察者的身份日益显著。

另外，随着新闻媒体的发展，媒体劳动力需求增加，这促进了新闻业人事制度和聘用方式的松动。新闻工作者有了“编内”与“编外”之分，聘用制的普及在一定程度上解决了新闻媒体劳动力短缺问题，但同时又面临新闻工作者专业素养良莠不齐、能力高低不等的问题，而这些问题至今还未得到完全改善和解决。都市报的发展和报业集团的创建，使传媒业变得越来越有活力，这推动了新闻业的发展，提高了新闻质量，丰富了新闻内容，提升了新闻业应对改革的能力。[①] 经济生态逐步打破了政治生态独大局面，媒介生态环境具有了更加明显的商业性和服务性，而文化生态在此阶段也受到了更多关注。2002 年，党的十六大提出深化文化体制改革，积极发展文化事业和文化产业，这一政策推动了新闻媒体和新闻工作者重视和丰富新闻中的文化内容。

在媒介生态环境中，政治生态、经济生态、文化生态和技术生态发生了结构性变化，媒体和新闻工作者的社会责任变得更为复杂，新闻工作者不再只是单一的政治宣

① 范以锦，刘芳儒 . 传媒生态、媒体业态、媒介形态：中国传媒业改革四十年［J］. 新闻记者，2018（10）：16–17.

传者，多重角色和社会责任要求给新闻工作者的身心带来了更大压力，使他们产生了更多的矛盾和困惑。一方面，新闻工作者面临平衡各种力量的问题。从总体上来讲，新闻工作者应该为社会公共利益服务，但实际上，新闻工作者面对的公众，往往只是一部分而非整体意义上的公众，他们对新闻工作者的角色期待具有多样性的要求。新闻工作者所要满足的公众利益与公共利益并不总是相同的，所以，有时公众想要媒体做的事情并非一定符合公共利益。政治职能与公众监督、过度娱乐化和价值观传承之间平衡的问题，权利使用过度导致的“媒介审判”问题，使新闻工作者难以定位和把握自己的职业角色。另一方面，媒介组织作为市场主体，必然要考虑利益问题。虽然新闻工作者只负责新闻生产，他们的工作不直接与经营挂钩，但作为媒体组织的成员，他们容易受到商业利益的影响，在面对各种诱惑时，会陷入价值冲突和道德两难的困境。怎样在保障个体利益的同时，实现为社会和公众利益服务，寻找到两者之间的平衡点，怎样在多重压力下坚守自身的职业操守和职业精神，这是摆在新闻工作者面前不可回避的问题。

从具有单一的政治宣传角色到具有多元化职业角色，新闻工作者在这个过程中职业道德意识有所下降。新闻工作者作为媒体传播活动的主体，是媒体实现社会责任的基础，新闻工作者的职业道德水平影响着媒体的公信力、权威性和影响力，影响着新闻媒体的社会责任履行水平和实现程度。一旦新闻工作者职业角色认识模糊，对新闻工作认同感降低，新闻工作者在新闻实践中就会变得迷茫。在这种情况下，并非所有的新闻工作者都能明确职业理想，守住为社会公共利益服务的初心，一些如虚假新闻、有偿新闻、有偿不闻、新闻娱乐化等有悖于新闻职业道德和社会责任的失范现象就会出现，从而给社会造成不良影响。

四、媒介生态环境转变中责任要求更新

信息技术的迭代给新闻业不断注入变革动力。在传统媒体因市场的推动而繁荣发展起来的同时，互联网作为一种新的媒体形式也在我国发展起来。1994 年 9 月，中国电信与美国商务部签署中美双方关于国际互联网的协议，标志着中国公用互联网的建设开始启动。之后，我国互联网基础设施建设在全国范围内全面铺开，为网络媒体的诞生提供了必备的硬件条件。1996—2000 年，中国互联网的商业化和网络媒体平台建设显现出强劲的发展势头。1996 年 12 月，中央电视台建立自己的网站，同时，中国新闻社香港分社也上了网；1997 年 1 月 1 日，《人民日报》正式开通了自己的网站；新华社于同

年10月也正式开通了网站。到2000年年底，全国上万家媒体中有五分之一建立起了网络平台。自2003年开始，网络媒体彰显出独特魅力，对政府的决策与宣传，对公众信息传播的空间限度、身份定位、行为模式以及对传统媒体运行方式等产生了全面影响，网络媒体自身产生了有别于传统媒体的影响力。新闻媒体进驻互联网的情况日益增多，这给传统媒体带来了巨大冲击，媒体融合的趋势和需求越发显著。网络环境下增强媒体社会责任感，建立和完善自律机制，提升从业人员职业素质等成为热门话题。2004年，党的第十六届中央委员会第四次全体会议通过的《中共中央关于加强党的执政能力建设的决定》中强调，媒体应该增强社会责任感。[①] 2009年后，自媒体进入觉醒时代，我国媒介生态环境也迎来了新的发展阶段。十几年来，技术革新突飞猛进，微博、微信公众号等自媒体形式蓬勃发展。2012年下半年，微信公众平台开始流行之后，其国内用户数量迅速达到5亿人次。这一阶段，自媒体向移动终端延伸，社交媒体迅速扩展。国内的社交媒体，例如新浪微博、腾讯微信等平台的用户量不断攀升。社交空间的扩大进一步促进了网络舆论的改善和发展。现下的直播、短视频等形式更加推动了自媒体内容的创新发展，使社会大众能更为广泛、便捷地参与到信息的生产与传播过程中来。而以人工智能、数字技术为代表的新一代技术革命，则进一步推动了媒体产业的整体性变革。传统媒体的市场空间和话语空间不断受到新兴媒体形式的冲击。

新媒体的快速发展促使传统媒体工作者在思想和行动上，从被动应对转向主动寻求新的生存出路和发展方向，推动媒体融合的理念不断深化。2014年，习近平总书记提出，要遵循新闻传播规律和新兴媒体发展规律，强化互联网思维，推动传统媒体和新兴媒体在多方面的深度融合，打造具有竞争力的新型主流媒体。同时他强调，要一手抓融合，一手抓管理，确保融合发展始终沿着正确的方向推进。随后，各类传统媒体积极响应融合发展理念，建构新型主流媒体和传播体系。2017年的《国家“十三五”时期文化发展改革规划纲要》除了强调融合发展以外，还强调了将网络新闻工作者纳入新闻制度和职业资格制度的统一管理。2018年，党和政府又将重点放在了县级融媒的建设上，在强调整合资源推动县级融媒发展的同时，还指出要坚持正确导向，坚守社会责任，把社会效益放在首位。“十四五”规划阶段，媒体深度融合内容也被写进了规划当中，明确提出实施全媒体传播工程，做强新型主流媒体，建强用好县级融媒体中心，这就要求各级各类媒体全面打通，形成全媒体传播矩阵。当然，在大力推进以技术与内容为推动力的融媒体的深度发展的同时，还需要强调媒体的立场和职责。清

① 高超．我国媒体社会责任的理论思辨与溯源［J］．青年记者，2020（10）：31–32.

华大学新闻与传播学院副教授吕宇翔曾在人民网“强国论坛”中提出，媒体市场化的好坏不在于流量和经济效益，只有立场鲜明、强调社会责任、弘扬核心价值观的媒体，才真正具有市场竞争力并占据主流地位。

技术推动下的媒介生态环境仍在持续变革当中，其中的诸多生态因素依然处于非稳定状态，学习和适应环境中新变数成为摆在他们面前的一个重要挑战。传播技术的进步促使传统媒体向融合状态发展，媒介生态环境的转变给新闻业带来机遇的同时也造成了原有环境的失衡。在社会生活中，技术作为生产过程中的方法和手段，它的革新会进一步推动生产力和生产关系的发展。传统媒体在转型中面临来自以下方面的挑战：第一，新媒体改变了现有的媒体传播格局。传统媒体的传播方式和手段本应快速适应新环境下的信息需求，但在媒体融合转型过程中，传统媒体在与新媒体的竞争中缺乏市场优势，这迫使传统媒体新闻工作者在变革的环境中除了要思考调整新闻内容和风格以外，还要不断尝试在新闻生产过程中转换生产方式，克服传统媒体与新媒体技术在嫁接和融合上的困难，从而在新的媒介生态环境中保证主流媒体仍占有权威的发声地位。第二，传统主流媒体兴盛时期下的新闻工作者更在意新闻本身的价值和公共利益性。现下，公众已然不再是单纯的信息接收者，还是信息生产与传播的参与者，因此，传统主流媒体的新闻工作者在新闻报道和舆论监督等方面需要投入更多精力，注重感知公众的深度需要，进一步增强服务意识，以便更好地承担起新媒介生态环境下的社会责任。同时，自媒体快速发展带来的诸如新闻低俗化、网络侵权等乱象使新闻工作者的社会责任履行遭遇了更多考验。第三，传统媒体有成熟的传播价值理念和基本原则，而更加开放和透明是未来它们需要努力的方向。新媒体可以将主要的注意力放在抢市场上，但传统主流媒体及其新闻工作者在面对竞争压力时，还需要清醒地认识到时代发展对职业角色和社会责任履行的要求。

整体来看，这一时期媒介技术推动了媒介生态环境发生重大变革，传统媒体的运营秩序和模式受到了巨大冲击与挑战。这促使新闻工作的责任范畴和责任要求产生新的变化。新闻工作者只有快速适应这些变化并找到自身新的定位和角色要求，才能顺利开展工作。

第二节　我国新闻工作者社会责任发展演变的特点

我国新闻工作者社会责任的发展演变呈现出两大特点，即责任文化积淀缓慢，在社会改革与技术变革双重冲击下责任内涵变化快速。

一、责任文化积淀缓慢

所谓责任文化，就是在文化中加入责任的成分，它是组织成员共同追求和实践的以责任理念为核心的价值观。责任文化包括可感知的具体实物文化、体现价值观的行为文化、规定如何负责的制度文化以及精神层面的理念文化，其中精神层面的理念文化是责任文化的核心。责任文化是激发组织成员履职尽责，完成工作任务的精神动力和保障。责任文化的建构对形成个人的责任意识和增强组织的凝聚力有着积极作用，而责任文化与社会生态因素的发展息息相关。在历史发展过程中，我国新闻工作者的社会责任文化积淀缓慢，我国并没有直接提出过“社会责任理论”，早期责任意识的发展与西方新闻业的发展有相似之处，都始于新闻工作者的办报理念，并随着社会发展和媒体变革不断规范化和系统化。

从社会发展与制度因素方面来讲，与西方报纸一开始就是作为经营机构存在不同，我国新闻行业的起步与发展，与国家命运密切相关，在新闻工作的社会责任问题上最主要的一种思想就是“喉舌”论。最早明确提出“耳目喉舌”说法的是梁启超，他在《论报馆有益于国事》中提出，报纸的作用就是“去塞求通”，“耳目喉舌”是消除内外和上下隔阂的一种社会功能。戊戌变法失败之后他又进一步深化和丰富了这一理论，《本馆第一百册祝辞并论报馆之责任及本馆之经历》（1901）中有，“报馆者，国之耳目也，喉舌也，人群之镜也，文坛之王也，将来之灯也，现在之粮也”，这是以“监督政府，向导国民”为出发点。[①] 后来，以孙中山为首的革命派视报纸为政党的“喉舌”，他们较为注重宣传功能的“喉舌”，而轻“耳目”，主要强调报纸是国家、政府或党派之“喉舌”。历史上一些著名记者，如徐宝璜、张季鸾，他们分别在

① 吴廷俊．中国新闻史新修［M］．上海：复旦大学出版社，2008：4.

《新闻学》以及《本社同人之旨趣》中提出了报纸在“喉舌”方面的作用，强调“喉舌”的主体是民众。而中国共产党的“喉舌”思想主要受到马克思、列宁新闻思想的影响。“耳目喉舌”观点对我国新闻工作的影响极为深远。

民国时期，新闻业重视与社会的关系问题，强调新闻人应该遵守做新闻的基本原则，体现了新闻工作的社会责任要求。这一时期出现了一大批优秀的新闻人，他们注重报纸对社会负责的理念。黄远生强调新闻记者应该有“良心”，有强烈的使命感和社会责任感。他认为无论是新闻还是言论必须客观，同时他还强调真实，反对随便演绎推理。① 邵飘萍把新闻事业看作“社会公共机关”“国民舆论代表”，强调新闻业独立，监督政府，教化民众，平社会之不平，为弱者吐不平之气。② 徐宝璜在《新闻学》中强调新闻真实性与客观性的基本原则，另外，他还列出“访员应守之金科玉律”“访员之资格”来强调专业新闻工作者应该遵循的基本工作原则。虽然他对新闻工作者的职业道德和专业化的理解是从西方思想中总结出来的，但并未直接照搬西方理论，而是更侧重于从社会功能和社会作用角度来阐释新闻工作者的社会责任。民国时期的新闻工作者重视对新闻工作基本原则和责任的把握，强调报纸作为社会公器的价值实现，同时注重强调增加新闻工作者的内在修养。虽说这一时期新闻工作者的成就十分突出，新闻思想和新闻教育的研究得以兴起，但有关社会责任方面的研究并未形成系统理论。

中华人民共和国成立初期，战争时期的新闻工作指导思想开始发生转变。战争期间新闻业对新闻政治功能的重视高于社会功能。政治体制对媒体的发展有着直接的影响力和作用力，一个国家的执政方针和政策的制定与执行制约着本国媒体的体制和发展方向。各国政治体制不同往往导致其新闻体制的差异。政治体制对新闻工作者的责任意识有支配作用，政治制度规定着价值和道德准则的基本性质，决定了新闻政策、新闻制度和新闻价值等方面的标准，进而对身处其中的个体的意识和道德观念产生影响。我国的新闻业自诞生之日起就与政治体制有着密不可分的关系。如前文所述，从中华人民共和国成立到改革开放之前，我国的经济、文化等元素均在为政治元素服务。20 世纪 50 年代，全国新闻机构在社会主义改造过程中基本实现了国有化，新闻媒体成为国家事业单位，媒体运作所需要的资金、设备、从业人员及其薪酬全部由国家财政负责，媒体领导者由政府任命，新闻工作者完全是事业编制，他们实际上成了国家行政人员。这一时期由于新闻媒体不具有独立的经济能力，运营高度依赖党和政府，因

① 吴廷俊．中国新闻史新修［M］．上海：复旦大学出版社，2008：140-141.
② 吴廷俊．中国新闻史新修［M］．上海：复旦大学出版社，2008：146-147.

此，新闻媒体和新闻工作者为政治服务的理念占主导地位。此外，当时的新闻教育和新闻理论研究发展较为缓慢，我国新闻工作者对西方社会责任理论，对我国当时的社会责任问题的认识还较为模糊。“文革”时期，一些新闻传播活动丧失了独立性，没有对新闻基本原则进行较好的维护。新闻工作者担负社会责任的文化土壤相对贫瘠，社会责任的文化积淀缓慢。

改革开放以后，新闻理论逐步回归到新闻的职业要求上，新闻自由、新闻真实、新闻客观性等基本原则受到重视，为适应新闻事业发展的需要，社会上出现了办学热潮，新闻教学不再局限于在传统的文科院校内开展，拓展到了综合、理工、师范等类型的院校，新闻教育在全国迅速发展和普及。20 世纪 80—90 年代，在社会转型过程中新闻工作进入全面改革阶段，新闻的商品性、新闻自由等问题成为业内关注的重点。20 世纪 80 年代初，在报社开始实行“事业单位、企业化管理”的情况下，关于新闻商品性的问题在新闻界引起争论。市场经济体制建立后，新闻媒体被推向市场，在适应市场经济环境的过程中媒体的综合实力得到快速提升。但与此同时，在市场化进程中，部分新闻工作者对新闻自由把控不当，对经济利益过度追逐，导致出现责任失范问题，并且非常突出，出现了很多虚假新闻、有偿新闻、低俗新闻等。有不少学者解读我国新闻工作的具体实践时借鉴了美国社会责任论，但总体上来讲，社会责任方面的研究依据较为单一，且研究多关注具体、浅显的层面，系统深入的分析较为缺乏，这同样是导致社会责任观念积淀缓慢的因素。此外，由于我国从“大跃进”到“文化大革命”时期，新闻工作受到一定干扰，因此在进入 20 世纪 80 年代后，关于新闻自由问题的争论十分激烈。在 1980 年的全国人民代表大会上，一些新闻业的代表提出了制定新闻出版法的建议，但由于种种原因，新闻法并未诞生。虽然如此，这仍然表明我国新闻工作者已经意识到了法律规范对新闻工作的约束和底线作用。这一时期新闻业的进步就体现在新闻业工作人员意识到新闻自由应该受到法律规范，获得法律保障。

步入 21 世纪后，随着改革开放进一步深化和新技术的迅猛发展，新闻工作者社会责任内涵发生了快速变化，新闻事业迅速发展，媒介在新闻宣传、信息传播、舆论引导与监督以及经济建设和娱乐等方面的社会功能凸显出来。在 2009 年世界媒体峰会开幕式的致辞中，胡锦涛同志提出，要切实承担社会责任，促进新闻信息真实、准确、全面、客观传播。作为当时的国家最高领导人，胡锦涛同志高度关注媒体对国际各方面事务的影响，并强调要遵守新闻从业准则，不断提高媒体公信力和影响力，这充分体现了社会责任意识已然上升到顶层设计层面，与政治、经济、文化、社会等宏观要素紧密相连，这促使新闻工作者的社会责任内涵紧跟这些要素的变化而快速发生转变。

整体上看，我国新闻工作者的社会责任意识与要求有自身的特色，虽然在形成理论体系上发展速度较为缓慢，但在实践中的发展并不滞后。

从文化和内在精神层面来讲，新闻事业的发展与人类社会文化的发展之间相互影响，一定的社会文化下会形成与之相应的新闻文化与精神观念。中华人民共和国建立之初，新闻业实行的是单一的宣传模式，新闻的灌输、教条和说教形式突出。“文革”期间，新闻工作未能很好地遵循其自身规律，新闻系统的失灵导致新闻工作者的价值观扭曲，新闻事业社会功能的发挥受到限制或产生负面效应。改革开放初期，新闻工作者体现出强烈的使命感，在改革开放和经济建设的社会发展政策下实现了思想上的解放，产生了新的价值意识，开始寻求新闻的自主性。20 世纪 80 年代，深度报道逐步盛行，提供全面完善的新闻信息、呈现事物的典型特征、强调整体性和关联性成为当时新闻工作者的自觉意识。关于责任问题的反思和讨论在 20 世纪 80 年代后期成了重要话题，涉及的主要讨论内容包括：第一，在新闻实践中对新闻自由的滥用问题，建构新闻媒体以及新闻工作者的责任体系和提出具体要求方面的问题；第二，从客观背景和主观意识方面讨论新闻工作者的职业道德失范和伦理冲突问题；第三，关于新闻自律，讨论如何规范和培养新闻工作者的责任感和职业精神。当时，传统媒体占主导地位，媒介生态环境相对稳定，新闻工作的线性思维显著，单向性强，这有利于新闻工作秩序的稳定和新闻资源的调控，但同时也存在缺乏变化和互动创新，媒体的整体运作缺乏活力等问题。到 20 世纪 90 年代以后，我国的政治、经济、社会、文化等领域进一步发生变化，开放的政策带来了构建开放的新闻文化和精神的社会条件。尽管当时新闻实践活动非常活跃，但依然没能形成系统的社会责任理论。新闻工作者的价值主要体现在对社会公共利益的影响和舆论监督功能上，他们关注社会热点，反映社会尖锐问题，重视贴近实际和以人为本的思想。当然，在深化改革的过程中，以市场经济为基础的社会价值观念，一方面激励新闻工作者开拓进取，满足人们更多的信息需求；另一方面也导致了部分新闻工作者形成了以利益为单一导向的价值认知，他们受物质利益至上的价值导向影响而忽视了社会责任和职业道德规范，弱化了对职业精神和理想的追求。

我国需要从外部制度和内部精神两个方面加强社会责任理论的建设，通过完善制度化建设，巩固和发扬主流文化和核心价值观念，处理好各种文化之间的沟通与融合，来实现整体社会生态环境与新闻业水平的提升，并促进两者的良性循环。

二、社会改革与技术变革双重冲击下责任内涵变化快速

（一）社会改革冲击下责任内涵演进快速

当下，政府针对我国社会发展现状采取了一系列调整政策。我国经济总量已居于世界第二，作为世界最大的发展中国家，我国在经济建设过程中出现了物质与能源消耗巨大、自然生态环境破坏加剧、资源配备不平等等问题。针对这些问题，我国始终坚信“发展”是解决一切问题的前提。从党的十八大起，我国政府提出了“五位一体”的总体布局，协调推进“四个全面”的战略布局以及“创新、协调、绿色、开放、共享”的新发展理念。在中国社会发展的新的历史起点上，党的十九大报告对我国的发展界定了新的历史方位，即中国特色社会主义迈入了新时代。这一新阶段的典型变化在于我国社会的主要矛盾发生了转变，即人民日益增长的美好生活需要和不平衡、不充分发展之间的矛盾。我国人民的需求已然不再是单纯的物质和文化需求，而是在政治、环境生态等多领域的多层次、全方位的需求。社会发展中的主要问题也集中体现在各种不平衡上，例如，地区发展不平衡、群体发展不平衡、行业发展不平衡等。面对现状，政府提出在政治、经济、文化等多个领域坚持总的统筹布局，切实落实发展、脱贫、生态文明建设等方面的具体政策，全方位推进国家的整体发展进程。我国整体政治生态和指导方针上的改变直接影响着社会各行业及其从业者的发展方向，新闻业自然也不例外。新闻工作者需要围绕这一矛盾来考虑与之相关的诸多社会问题，缓解和平衡矛盾双方的冲突，为社会发展营造良好、和谐的氛围。

习近平总书记基于新的社会变革所形成的新闻舆论思想，对新闻工作者的社会责任提出了新的使命和要求：第一，重视意识形态功能，重视人民性，强调新闻工作的职责与使命。习近平总书记根据新时代背景的需求，对新闻工作者应该扮演什么样的角色和应该承担什么样的社会责任提出了“48 字”的职责和使命要求，这为新闻工作者认识、把握和理解新形势下自身的工作提供了方向和依据。第二，强调党性原则，重视党对新闻工作的领导性。任何政权都会涉及对意识形态的把握，这必然牵扯新闻舆论的领导权，在新的历史背景下，巩固和加强党对新闻工作的领导权是首要问题。习近平总书记提出“党媒姓党”的主张，要求党媒在意识形态上与中央保持高度一致，要以党的政策作为新闻工作的指导原则和工作方针。第三，重视正面引导和宣传。当下的媒介生态环境、公众的信息获取体现出偏好性、碎片性和片面性等特点，导致公众了解全面性信息的概率降低，大量低俗、媚俗、虚假信息滋生，这些现象需要媒体通过正面价值的传播加以修正和引导。第四，全面创新需求。面对新媒体的冲击和挑

战，传统媒体需要在理念和实践等方面进行创新，以满足当下公众对信息的需求。就如习近平总书记所说，新闻工作者需要知道受众在哪里，才能知道新闻报道和宣传的着力点和落脚点在哪里。第五，新闻工作者需强化业务能力，提升职业素养。新闻工作者掌握着传播资源，肩负着公民所赋予的话语权和影响力，需要实现社会功能。新闻工作者面对新的社会形势和媒介环境要求，需要对其角色和责任有新的解读和定位，也需要在指导思想、价值判断和实践要求上与时俱进。

我国新闻工作者作为促进国家发展的重要组成部分，需要建立和完善自身的使命和职责，从而有效地履行对党、对人民和对整体社会发展的责任要求。

（二）技术变革下的责任内涵演变

媒介技术推动新闻工作者的责任内涵演变。在以人工智能、算法、大数据为代表的新型智能信息技术集群的驱动下，新闻工作者的社会责任内涵与外延演变迅速。媒介技术的不断更新推动了媒体组织、媒体平台以及新闻工作者的工作形态和社会责任内涵的演变与发展。

新媒体技术的发展，极大地冲击了传统主流媒体的优势地位，迫使它们要根据变革的需求做出调整以适应新的行业走向，新闻工作者的职业素养和责任意识同样也随时代要求的变化而有所改变。第一，新技术带来了新的信息生产和传输形式，传统新闻媒体不再具有强大的信息垄断性和主导性，信息多元化和渠道多样化的特征极为突出，不同文化价值在同一环境中碰撞。媒体形态的多样性，在范围上和业务上都给新闻工作者履行社会责任带来了挑战。为保证主流媒体新闻的传播力、影响力和引导力，新闻工作者一方面需要进一步提升自身对多种媒介技术的操作能力和在不同媒体形态上采编信息的能力；另一方面也需要加强自身在价值观念和思想意识上的建构，将社会核心价值观贯穿到新闻传播的每一个阶段，充分发挥主流新闻媒体主阵地、主渠道的优势地位，这也成了新闻工作者履行社会责任的重要前提和条件。第二，新闻即时性观念更加突出，需要更加重视新闻基本原则和基本要求。技术使传统意义上的新闻即时性特征得到了升级，传统的“即时传播原则”正向着“时效统一原则”转变。现下的媒介生态环境对新闻的要求强调速度为先，这对新闻工作者在信息价值性和时间性上的要求更高。但同时需要警惕在一味求快中出现反转新闻、虚假新闻等，从而导致新闻秩序混乱和公信力下降。因此，在新闻工作中，固然要凸显即时性，但仍需要重视对新闻的真实、准确等基本原则和要求的把握。第三，新闻工作者的职业道德需要及时适应新的媒介生态环境要求。新闻职业道德在新闻事业发展过程中一直存在，但不同时期环境不同，新闻工作者的职业道德规范也有所变化。近 10 年来，技术对媒介生态环境的变革影响尤为显著，原有的职业道德规范在新环境下逐渐出现部分不适用的情况，因此，新闻工作者的职业道德规范要考量是否符合新的环境需要。根据传媒时代发展和社会时代变革的现实需求，我国“记协”对2019年版的《中国新闻工作者职业道德准则》进行了修订。一方面，在指导思想上增加了习近平总书记对新闻工作的指导原则和要求等内容，以此紧跟我国社会在政治、经济、文化等方面的整体发展策略。另一方面，修订版中最值得关注的变化是针对媒介生态环境的新变化，重点突出了在职业道德领域的规范、适应，比如“网上网下的统一导向和管理要求”“遵循新兴媒体发展规律”“强化互联网思维，顺应全媒体发展，积极探索网络信息生产和传播的特点与规律，深刻把握传统媒体和新兴媒体融合发展的趋势，善于运用网络新技术、新应用，不断提高网上正面宣传和网络舆论引导水平”等，这些都体现出媒体融合环境在社会信息传播中占有重要地位，新闻工作者所面对的责任范围也具有融合性的特点。持续深化的媒体融合进程对新闻工作者的职业道德规范提出了新要求。

不同时期和阶段，技术在推动媒介生态环境变化的过程中，总是促进着新闻事业的发展，新闻工作者的社会责任要求也发生着适应性的变化，从而表现出相应的特征、内涵。当下的媒介生态环境较为复杂，责任内涵快速变化的表征主要有，由对单一媒体负责到对多媒体负责；由延时性负责到即时性负责；由局部性责任拓展为全网性负责；由一般社会责任扩展到政治、社会、民生乃至国际责任。新闻工作者需要在现阶段根据责任内涵的变化寻找自身的定位和发展出路。

第三节　新时代我国新闻工作者社会责任的要义和现实要求

一、新时代我国新闻工作者社会责任的要义

关于社会责任的问题，不少学者关注的是新闻工作者在工作实践中应履行伦理道德责任，保持职业道德自律；除此之外，还强调了政治、经济、文化等其他社会子系统范畴的责任。比如，职业道德会随着社会环境特别是政治生态环境的变化而产生差异；新闻媒体以及新闻工作者的社会责任履行需要实现道德责任、政治责任和社会责任三者的协调统一。[①] 新闻工作作为一种社会化程度较高的社会分工，我们不应忽略它

① 郑保卫.论中外不同文化语境下的媒体责任观［J］.西南民族大学学报，2010（1）：107-111.

对社会系统的其他方面的影响。因此，笔者认为对新闻工作者社会责任的理解，一方面应考虑主体意识在精神上和行为上的道德意识建构与规范，另一方面也需要考虑新闻工作作为社会子系统实现整体社会功能的责任。

（一）职业精神与职业道德层面

1. 职业精神与职业道德

从职业精神与职业道德的关系上看，职业精神是内化的职业道德，职业道德是职业精神的具体保障。职业精神可以理解为主体在从事专业性活动中所体现出来的具有职业特征的精神与操守，它体现着人的主观能动性，在一定程度上影响着人的价值观和道德取向。职业精神是随着社会分工的发展而产生的，社会分工和生产劳动分工逐步形成了职业分化，人们在一定的职业生活中，能动地表现自己而形成一定的职业精神。新闻工作者的职业精神主要通过他们的价值观念、伦理道德观念、理想信念和行为准则等表现出来。内心的价值信念和道德责任感促使新闻工作者自觉履行对事实、受众和社会应尽的责任。新闻职业精神中涵盖了一定的规范性元素，其以总体性、原则性的观念来发挥对人的指导性作用。职业道德属于一种实在性的行为规范，是职业精神的具体表现，对新闻工作者的专业实践活动起着规范和约束作用。通过遵守新闻职业道德准则，新闻工作者将外化的职业要求转化成发自内心的观念和思想，主动将规范和准则落实到新闻活动中，从而形成精神层面的自律，自觉履行自身的义务和责任。

2. 职业精神与职业道德下新闻工作者的社会责任

哈钦斯在《一个自由而负责任的新闻界》中强调，新闻工作者通过履行社会责任来建立职业精神。施拉姆等人在所著的《报刊的四种理论》中也提出，社会责任论的核心内容之一就是传媒的社会职责和传媒人的伦理与职业道德素质。之后，虽然西方学者对社会责任的研究和解读见仁见智，但大多认同社会责任通过职业规范对个体思想、行为形成一种规定性的内化精神。

我国学者对社会责任道德层面的关注主要体现在以下几个方面：第一，认为我国新闻工作者社会责任的性质就是道德责任，是新闻工作者在行使新闻传播权利的过程中应该恪守的准则和义务。不管承担的是政治责任、社会责任、文化责任，还是扫描社会、信息制作与传播、人文关怀、教育引导等责任，新闻工作者在新闻实践过程中都被强调要遵守道德规范。第二，探讨价值观念、职业道德与社会责任之间的关联，强调新闻工作者个体意识的建构与提升。杨保军教授在《新闻职业即职业责任感内涵分析》中提出，新闻工作者的职业道德是在新闻工作者履行自身的职责过程中表现出来的，他将职业道德责任分成了三个层次，即通过法律法规和规范等他律手段，督促新闻工作者遵守职业规范，落实社会责任要求；通过提升自身的道德修养和自律意识追求职业美德，做正直、诚实的职业人；以服务大众和社会整体公共利益为目标，积极履行社会责任，全面提高人们的精神文化水平，促进社会和谐与进步，从而实现职业理想。这三个层次体现出新闻工作者从受外在机制约束到形成内在自觉意识的转化过程。

从职业精神与职业道德的角度来看，新闻工作者需要在进行新闻职业活动的过程中，以职业精神为指导并通过职业道德的具体规范对社会发挥积极作用。

（二）社会角色与社会功能层面

从社会角色与社会功能的关系上看，社会角色总是与特定的社会功能相对应，社会角色与社会功能是新闻工作者履行社会责任的首要条件。我们只有明确了当下我国对新闻工作者社会角色的界定与社会功能的期待，才能明确新闻工作者的社会责任，准确评判社会责任的履行状况。

1. 社会角色及其功能期待

不同的社会角色需要承担不同的社会责任。角色本是戏剧表演中用来表述演员根据剧本设定扮演剧中人物的一个概念。从社会学的角度来看，角色包含三个要素且相互作用、相互影响，从而产生了人们扮演某种社会角色时的行为。一是角色的社会地位，即个体在社会关系体系中所处的位置，反映了个人与社会互动中个人的社会身份。在复杂的社会系统中有各种关系相互关联，个人在其中会扮演不同的角色，也会和其他角色产生各种关系和行为互动，通过这些行为就可以判定个体的社会地位。二是角色的社会期待。它主要表现在权利与责任、权利与义务以及行为规范等方面的关系上。社会中的任何角色都拥有一定的权利和需要承担对应的责任。个体需要承担所扮演角色应该承担的责任，还要承担个体角色行为和关系对其他角色所构成的需要承担的法律责任、道德责任以及社会责任。因此，个体在社会生活中所扮演的角色不同，享受的权利与承担的义务也就不同。需要具体的规范对个体进行指导和约束，这些规范包括法律条文以及成文或不成文的道德准则、习惯或道德观念。角色的社会责任往往体现在角色的社会期待中。三是角色的精神要素，包括角色的态度、价值观、对知识技能的认识等。态度是个体对客观特定对象的主观反映，是主观经验与客观事物相互作用形成的相对稳定的观念或思想。态度一旦形成就不易动摇或改变，它往往能帮助人们确定思考的方向，但有时也会使人的思想落后于现实发展，使人探究和处理问题时不自觉地陷入惯性思维。当下，技术革新使社会发展和信息更新的速度不断加快，个体主观上对客观事物的认知更容易出现滞后的状况，若自己的角色思维不能及时跟进社会现实就会有碍于角色的发展。价值观是个体在一定思维感官上形成的对事物价值和作用的评价标准，它有助于个体明确事物对自身的意义。不同的角色其价值观的要求和评价标准也不同，个体需要树立与角色相对应的价值观念，掌握所扮角色需要的知识与技能是个体扮演好角色的重要因素，个体需要清楚地认识到自身需要具有怎样的技能才能完成好角色扮演，而知识是我们认知客观世界的重要基础，是形成个体态度、价值观的核心元素，角色的实践需要知识和能力的指导。角色的精神要素对其主观能否树立理想的责任意识有重要影响。

2. 社会角色和社会功能下新闻工作者的社会责任

在新闻传播活动中，新闻工作者显示了在社会分工中的角色身份和地位，并相应地履行其权责。从角色身份和地位来讲，新闻职业角色是社会分工的一部分，对社会其他角色的社会化过程发挥着影响力。新闻工作者的职业责任属于社会责任，他们有多重社会地位和与之相应的社会期待，因此其职业身份也具有多重性。首先，作为传播主体，新闻工作者扮演着信息搜集者、整理者、采写者和发布者的角色，为社会提供信息沟通桥梁。其次，新闻职业角色在职业生成和发展过程中受政治制度和经济环境的影响，衍生出除基础性职能以外的职能，例如，党的“喉舌”、人民的代言人等。从权责关系上讲，新闻工作者拥有采访、报道、舆论监督等权利，但同时也要保障其行为不触及我国的法律法规底线，此外他还要遵循新闻的真实、准确、客观、公正、时效以及不泄露和损害国家机密和利益、不侵害公民隐私权、减小伤害、回避利益关系等职业操作规范和职业道德规范。当然，不同的新闻媒体（主流媒体与非主流媒体）在整体媒体体系中的地位、权利、义务和行为模式都不同，它们所承担的责任也有所不同，作为新闻媒体组织中的成员，新闻工作者所承担的社会责任也会有所差异。本文侧重关注主流媒体新闻工作者基于其角色与社会功能的社会责任问题。

新闻职业对整体社会的影响远大于其他职业，因此，在考察新闻工作者的社会责任问题时，人们往往将职业角色与其所需要实现的社会功能对应起来解读。探讨社会责任与社会功能的关系，其目的在于解决社会责任由何而来的问题。社会功能决定社会责任，履行社会责任是发挥社会功能的体现，在顺序上表现为功能在先，责任在后。社会功能回答的是“能做什么”的问题，社会责任则关注的是“应该或不应该做什么”的问题。新闻工作者所承担的社会责任，与其在社会中的角色定位和功能有密切关联。如果从社会功能出发，那么社会责任就是新闻传播活动社会功能的延伸。社会功能学说的分析大多涉及信息传播责任、监督责任、文化责任、道德责任、政治责任、经济责任等，这些责任的履行在提升社会公众认知、反映民意、引导价值观念、影响思想和行为动机等方面都能起到积极作用。在社会学中新闻工作者是以社会从业者的身份存在的，因此其社会责任与其自身的职业角色要求相关。新闻工作发挥其功能和作用，有别于法律等的硬性制约，新闻工作社会责任的履行依靠的是软性的把握、对规范的把控。

（三）当下我国新闻工作者的社会责任要义

我国新闻工作者社会责任由多层面的、复杂的元素构成，既可以从主观意识层面阐释，也可以从客观期待的角度理解。因此，不能单纯从主观精神和道德层面去解读，也应该结合社会因素来考察。新闻业及新闻工作者不仅自身要顺应改革发展的需要，还要承担起社会教化者和引导者的角色。针对主流媒体和新闻工作者在现阶段的工作要点，习近平总书记在关于新闻舆论工作的重要讲话中多次提出有关新闻工作的新的指导思想和责任要求。概括而言，新闻工作者履行社会责任主要体现为传递整体意识上的理想、信念和价值观，重视维护人民的利益，为公众反映现实、指引方向等。对于我国治国理政的方针政策，新闻工作者有责任以客观、公正的态度对其实施有效监督。围绕着我国社会主要矛盾，新闻工作者有责任反映社会现象、厘清主要矛盾的认识误区，以推动社会矛盾的缓解、解决。我国在新闻舆论方面强调坚持党性原则、马克思主义新闻观和正确舆论导向、正面宣传为主的政治方向，将新闻舆论工作与我国新时代背景下的政治生态紧密结合。新闻工作者的“耳目喉舌”角色与功能依然占据重要地位，其强化和促进上下和内外的连通，同时对新闻工作者的责任和使命提出了更全面的要求。

二、新时代对我国新闻工作者社会责任的现实要求

（一）我国新闻工作者社会责任的现实逻辑与基本原则

经过 40 多年的改革，我国已进入新的社会发展阶段，在以下几方面发生了显著的时代变化：第一，我国改革开放进入“深水区”，经济发展进入“新常态”，所触及的社会层次更深，所触及的利益格局更大，社会舆论形态更复杂，舆论引导难度更大，需要有可行的思想和行动指南来指导。第二，我国的社会主要矛盾发生转变。马克思主义时代观认为，社会主要矛盾是时代变革的基本动力和显著标识，也是时代划分的根本尺度。我国社会的主要矛盾已经转变为人民日益增长的美好生活需要和不平衡不充分的发展之间的矛盾。需求的变化必然推动社会各行业的发展转变，新闻业同样需要适应这种变革。第三，我国在国际社会上的地位越来越重要。我国在国际上的地位

不断上升，“人类命运共同体”的倡议体现出中国面对全球问题的态度和解决方案。西方发达国家与我国在意识形态上的博弈日渐激烈，维护国家形象和建构国际话语权的需求更加迫切。第四，新兴技术快速更迭，渗透社会生活的各个方面，带来了更多的机遇和挑战。

新历史背景下，新闻工作者社会责任的履行需要依照新的指导原则。整体社会的发展，需要社会系统各个层面的适应与配合。新闻传播工作作为社会子系统，自然也有其自身新的使命和责任。习近平新闻舆论思想体现出马克思主义新闻观在新历史时期的发展，为当下的新闻工作提供了科学的理论指导和实践依据。面对我国的社会变革，习近平总书记从全局出发对新闻工作做了全面部署，以“五个事关”将新闻舆论工作的重要性提升到了一个前所未有的高度，有关新闻舆论工作的指导思想和主张对新闻战线上的工作者起到了重要的指导作用。社会现实所反映出的新情况、新变化、新机遇与新挑战，需要新闻工作者以新思维、新观念、新要求与新能力来应对和适应。

（二）对我国新闻工作者社会责任的基本要求

我国现实社会环境对新闻工作者的社会角色要求，决定了新闻工作者当下的责任担当。新闻工作者作为责任主体，其新闻传播活动需要统筹考虑社会各领域，服务社会系统，维护新闻传播子系统与整体社会系统的和谐关系。

1. 在服务中引导舆论

无论是西方国家还是我国，无论是过去还是现在，新闻舆论工作从未被忽视。虽然缘于历史条件的差别，社会环境和媒介生态环境在新闻传播活动中，对新闻工作者的责任履行、角色身份以及新闻传播手段和技术的运用有不同的要求，但各国都注重强调新闻工作在社会安定和国家发展方面的重要意义。我国新闻工作的核心任务在于对社会大众进行正确的舆论引导。马克思、恩格斯将报刊形容为“纸币”，在舆论的形成与传播中具有中介的作用。列宁集中论述了报刊作为党的思想中心，是党的宣传者、鼓动者和组织者。毛泽东强调新闻工作坚持党性原则，要宣传党的纲领、路线、方针、政策，成为党联系群众的纽带，坚持为人民服务、为社会主义服务的政治方向。邓小平则把宣传思想的工作者视为人类灵魂的工程师。江泽民以“福祸论”强调坚持正确舆论导向对党、国家和人民前途和命运的重要性。胡锦涛提出“利误论”，再次强调舆论引导能力建设是党的执政能力建设的重要内容，它对社会精神生活和人们的思想意识有着重大的影响，坚持正确的舆论引导才能利国利民。习近平总书记更是反复论述新闻舆论是意识形态的重要组成部分，事关党和国家的前途命运，是巩固全党全民团结奋斗的共同思想基础，而坚持正确政治方向的新闻舆论工作是根本前提。可见，马克思、恩格斯、列宁以及我国历届领导人的新闻思想中都将新闻舆论工作视为党领导的各项事业中的重要组成部分，且都强调了新闻舆论工作党性原则和为人民服务的指导思想，重视党性和人民性的统一，重视新闻对国家发展的影响。

我国主流媒体是新闻舆论引导工作的主要执行者，必须在思想意识上与主导性政治意识保持一致，形成良好的政治素养并能深刻理解政治思想，只有这样才能使个体意识与主导性意识形态、主流价值观相统一，才能在复杂的媒介生态环境中，通过新闻将政治思想、主张落到实处，引导社会不同层面和领域形成共同的价值观念和主流文化趋向。同时，中国共产党一直遵循为人民服务的根本宗旨，新闻传播活动在社会分工中被纳入第三产业的范畴，使主流媒体明确新闻工作要以人民为本位，将以人为本作为工作的出发点和落脚点，以自身的专业方式为人民事业服务，并与党领导的其他事业形成相互协调的关系。我国新闻事业的指导思想和发展历程，使新闻工作的政治责任与社会责任在相当长的时间里保持着一种相对统一的关系，新闻工作者对社会负责的要求中必然包含着政治责任和公共服务责任的部分。

2. 在规范下务实监督

舆论监督是对权力的一种制衡，孟德斯鸠曾说："一切有权力的人都容易滥用权力。"[①] 权力一旦缺乏监督、不受制约就难以保证为公众服务，实现公共利益。因此，新闻舆论监督是反映新闻工作者为公众服务的最直观和最重要的职能。较之西方国家，我国的新闻舆论监督有其自身特点。

西方国家的新闻舆论监督体现出明显的独立性和对抗性。随着西方国家新闻业专业理念和职业道德观念的发展，新闻职业成为具有主导性地位的职业，新闻的公共性和舆论引导能力有了进一步提升。新闻工作者不仅仅将新闻作为谋生手段，同时还因职业认同的强化，更加看重对新闻理想的追求，强调对公众的服务精神和对社会的责任意识，并将这种意识内化于职业道德规范之中加以自律。新闻工作者的服务对象是社会大众。西方国家认为，新闻媒体是独立于立法、司法和行政之外的"第四权力"，舆论监督更多的体现为一种对抗性。

与西方的独立性和对抗性舆论监督形式不同，我国的新闻舆论监督体现着建设性，揭露与批评的最终目的在于正视和解决问题。我国的新闻舆论监督是在党的领导下进行的监督，是社会主义民主监督的重要形式。人民群众通过新闻媒体，对国家和社会事务、公共权力以及公众人物进行监督，对有悖于社会和人民利益的行为进行揭露和

---

① 孟德斯鸠．论法的精神（上册）［M］．张雁深，译．北京：商务印书馆，1963：154.

批评。我国的新闻舆论监督是以促进社会和谐为目标而展开的，注重强调党性与人民性的统一，看重监督的效果和舆论方向，因此在形式上，主要表现为一种建设性监督。新闻工作者具有强烈的社会责任意识，注重新闻舆论监督的社会效果，在遵守法律、法规和新闻职业道德规范的情况下秉持理性和负责的精神，在准确、深入报道新闻事件的基础上，大胆揭露和批评各种社会不良现象。同时，新闻工作者自身的新闻实践活动也需要党、政府和人民的监督，防止人为操作产生的虚假新闻、有偿新闻等失范现象带来的消极影响。新闻工作者要始终将社会责任放在首位，为社会公共利益而非个人私利服务，摒弃一些猎奇、煽情、炒作等手段，避免损害新闻媒体公信力，真正落实社会责任。

3. 在转变中拓展新闻深度

专业新闻工作者的理念需要适应现代传输方式的转变，即在人人都是麦克风的时代，专业新闻工作者应朝着深度开发新闻价值的方向拓展。挖掘新闻，将多层次的新闻事实逐层揭开，发现新闻背后的事实真相和核心意义是新闻工作者的重要职责。深度报道不是对新闻事件进行简单、浅显的描述，而是要求对新闻事实进行全面、深入的探索。深度报道的目的是使公众能够对正在发生的新闻事件有更加清晰的认知和理解。新闻工作者对涉及重大社会问题、复杂社会现象、专业知识问题的资料的搜集，对事实的佐证和对新闻背后事实的来龙去脉的分析，都是对新闻事件的补充说明和延伸报道，很多深度报道作品都较为具体且多关注民生。

20 世纪 80—90 年代，改革开放和以经济建设为中心的政策，使得深度报道盛行。1987 年《中国青年报》刊登了三篇有关森林大火的调查性报道，既描述了火灾背景下的人物命运和表现，反映了导致灾难发生的生态原因，又揭示了导致灾难发生的人为因素和体制因素，激发了全国人民的思考和讨论，自此，新闻界也迎来了深度报道的高潮。20 世纪 90 年代初期，随着改革开放政策的推进，深度报道更强调对社会重大议题的深入解释。我国开办了《焦点访谈》《新闻调查》《实话实说》等一系列舆论监督类电视节目，都是以深度报道的方式，挖掘社会重大问题背后的事实，高度关注国家重大话题和社会转型发展过程中所面临的问题，积极引导社会舆论，客观反映了中国在社会发展过程中的现实状况，向公众展现了全面、真实、准确的社会发展动向和面貌。新闻舆论监督充分反映了媒体及其新闻工作者的职责，增强了公众对媒体职能的信任度。

近年来，随着物质生产和精神生活水平的不断提升，人们的信息传输习惯发生了改变，以网络为基础的各类新兴媒体形式，形成了更为多样化、分散化、碎片化、极速化的信息传播模式。媒介的发展虽然为公众提供了更多的渠道来认知和理解客观事实，但也时常使公众陷入信息过剩的迷阵。面对复杂的信息环境，新闻工作者仅仅传递信息显然不能满足公众的需求。新闻工作者对事实进行深度挖掘，反映事实的全貌，进而为人们答疑解惑，才能更有效地履行社会责任，实现新闻工作的社会意义。对于新闻工作者而言，社会责任意识决定着其生产、制作、传播新闻报道的意图和准则，进而促使其履行好引导社会价值取向和舆论的重任。当下，媒体行业的竞争异常激烈，新媒体传播方式的冲击，使传统媒体思考新闻报道如何能在海量信息中脱颖而出。运用解释、分析、预测等方式对重大新闻事件和社会热点问题进行深入分析，满足受众多方面信息需求的深度报道是传统媒体在行业竞争中占据一席之地的有力手段。传统主流媒体的新闻工作者除了要关注技术融合以外，还要注重提升新闻报道的质量，如此，做出的报道才能吸引更多受众关注。

新闻工作者身处媒体融合的环境中，对深度报道的理解也需要有相应的转变。作为传播主体，相较于关注微观视角，新闻工作者侧重对宏观视角的关注显得更为重要。深度报道要求新闻工作者从深度和广度两个方面对信息进行报道，从大局着眼分析事物的价值和意义，不能拘泥于某一事物或事物的某一方面。因此，新闻工作者需要将注意力集中在人们关心的社会热点、焦点问题上，突出对新闻事实的追根究底。新闻工作者解读事件背后的根本原因时，不但要告诉人们发生了什么，还要为人们答疑解惑，用客观依据为人们提供合理有效的解决方案。当然，新闻工作者对新闻事件的分析，要始终站在真实的基础之上，这是新闻之本，不能为博取大众关注，打着深度报道的幌子肆意捏造或歪曲新闻事实，若如此，则违背了新闻工作者的职业道德。新闻价值只有在真实中才能展示出来，从而真正实现对社会价值的正确引导。要想提升深度报道质量，提升传统媒体核心竞争力，新闻工作者需要将责任意识和职业素养的培养作为重要的手段和途径。

4. 在实践中维护公平正义

公平正义的价值取向是实现社会团结、维护公共秩序的重要前提，只有拥有良好的社会秩序，才能保证社会顺畅运行。亚里士多德认为，所谓“公正”就是要获得应有的对待，没有人愿意被不公地对待。新闻媒体作为社会公器，需要秉承公共服务的理念，承担公共服务的责任，维护社会的公平正义。新闻工作者在新闻报道中，需要做到不过誉、不歧视，才能体现其维护社会公平的价值取向和强烈的正义感。

一方面，新闻工作者要保证信息传播的畅通与平衡。想要维护社会的良好秩序，协调和缓解社会不同阶层之间的矛盾，就需要保持各方利益和权力的均衡。新闻工作者的任务就在于保证信息传达上的畅通，维护和保持社会各种力量的协调、平衡和稳定。当沟通渠道受阻、话语权缺失时，公众的表达权就会受到侵害，沟通不畅就会带来社会不稳定因素的裂变，从而影响社会的稳步发展。尤其是社会资源占有较少，缺少表达权益机会和能力的弱势群体，新闻工作者需要深入到他们当中，倾听他们的利益诉求，关注和贴近他们的生活，以自身的社会责任意识和职业道德意识，来保障他们平等地表达权利和申辩的机会，使不同社会阶层的生活状态与基本诉求都能被社会所知晓。

另一方面，实现公平正义的目标，要求新闻工作者要有坚定的立场和追求真理的精神。新闻工作者应以平等公正的态度来对待社会基本价值，直面社会丑恶，揭露不平等现象。只有敢于承担责任，对真理孜孜以求才能不断地接近真相。新华社内蒙古分社记者汤计用 9 年时间持续不断地关注“呼格吉勒图案”，先后撰写 6 篇内参稿件，引起了相关部门和人员对案件的重视，促使监督执法者正视其行为的失责，最终还冤者以公道，还百姓以真相，该记者真正做到了为民、为公平正义发声。汤计在接受采访时曾提及，一个好记者要有慈悲心、同情心和正义感，他写“呼格吉勒图案”不仅是为了追求个案的公平，还是为了追求社会的正能量。面对不公正、面对地方或部门的保护主义等不良现象，新闻工作者需要秉持公正、捍卫正义、澄清谬误、明辨是非，努力维护公民的根本利益，促使社会公平和正义得以真正实现，从而促进社会的和谐发展。

公平正义是新闻人价值体系建构中的重要组成部门，新闻工作者作为公平正义的守护者，要以公平正义为价值判断的标尺，以客观事实、主观能动性和人民的公共利益为衡量参数，来对新闻事件进行全面、理性的分析，避免歪曲、利用和煽情的报道导致舆论引导的偏离，帮助公众清楚地看到事实的全貌，凝聚社会共识，维护民主政治的正常运作和公共利益的有效实现。新闻工作者既要对善意和光明大加歌颂，也要对丑恶和腐朽加以鞭笞，以高度的责任感来赢得信任，提升新闻媒体的公信力，推进相关社会问题的解决以及社会良好秩序的建设。

第四节 我国新闻工作者的责任履行现状分析

我国新闻工作者应对党和人民负责，在把社会效益放在首位的基础上去承担职业角色的责任并实现其相应的社会功能。从整体上看，我国尤为重视考察新闻工作者在舆论引导和社会服务方面的社会责任履行情况。

一、舆论引导作为履行社会责任的首要目标

我国在改革开放过程中，社会思想领域变得错综复杂，新闻工作者如何有效履行社会责任，积极开展舆论引导工作一直是备受关注的重点问题。我国新闻舆论引导工作强调以大局观、全局观来把握舆论引导的正确方向，避免片面和错误认识带来的引导偏差，讲究引导的方式和方法，坚持时、度、效原则来保障引导效果。由于我国新闻工作者的引导责任交叠着政治责任和社会责任，要做好引导者的角色，就需要同时照顾到两个方面：一方面需要从党和国家的政治要求出发，另一方面则要从社会公众的利益出发。

我国主流媒体是引导舆论的主阵地、主渠道和主力军，各级别和各类型的新闻媒体都将舆论引导作为首要的责任任务。不论是传统主流媒体还是新型主流媒体，在引导舆论的责任履行上都表现出紧跟党和政府的思想政策步伐，各媒体的新闻报道主要围绕党和国家的中心工作展开。

第一，突出报道党和政府治国理政的新思想和新理念。新闻工作者对核心主题内容的报道体现在媒体的成果当中。2013 年以来，各大媒体都报道了习近平总书记系列重要讲话精神和重要活动。中央级主流媒体的新闻报道主要围绕党的十八大、十九大会议精神，认真落实全国的思想宣传工作。比如，即时报道“神十”发射、“天宫”对接、“嫦娥”落月、APEC 峰会、核安全峰会、亚信峰会、金砖峰会、G20 峰会等重大事件和习近平总书记出访和考察长江经济带、东北三省、广东、上海等活动，体现了我国的治国思想和实践成果。作为中央级的网络宣传窗口，新华网 2013 年全年发稿量中，时政类就占据了五分之二，新华网利用新技术形式组织对重大主题活动的直播访谈 1,300 多场，原创评论报道 900 多篇，充分发挥着中央主信源和宣传主渠道的作用。除了中央级新闻媒体重视舆论引导责任以外，省市级新闻媒体的新闻工作者在履行该责任要求上也发挥了积极作用。以《湖北日报》为例，2013 年，该媒体提出以“建设者”姿态履行党报的社会职责，始终坚持正确的政治方向，坚持党性原则，围绕湖北自身，准确地传达党和政府的声音。例如，以“改革”为主题推出了《荆楚改革发展新亮点》《走进重点项目》等专栏报道，深入学习宣传、贯彻落实习近平总书记视察湖北重要讲话精神和党的十九大、湖北省第十一次党代会精神，始终坚持正确舆论导向，做大做强正面宣传，为营造湖北省高质量发展良好氛围发挥作用。

第二，注重新闻事实，关注社会热点，积极引导社会舆论。在做好党和政府的思想和政策宣传的同时，主流媒体新闻工作者还要高度关注社会热点问题和突发事件。比如，中央电视台坚持从时、度、效着力，提倡“第一时间介入，第一时间发布”，挖

掘事实，提出概念，形成标识，在国内外突发事件中，做到了快速反应、稳妥把握。在这个指导思想下，面对“长春疫苗事件”“万州公交车坠江事件”“网约车伤害乘客事件”，央视新闻记者都是第一时间到达所在地，即时发布权威信息。2020 年，面对新冠肺炎疫情的防护工作，我国主流新闻媒体的众多新闻工作者奔赴疫情前线，中央广播电视总台派出了 170 多人的记者团队赴武汉报道：央视新闻中心社会新闻部的记者率先进入金银潭医院采访重症病房医护人员，宣扬他们的忘我精神。央视湖北记者站记者王涵进行过 2003 年的“非典”报道，武汉疫情发生后她曾发声：报道重大事件是新闻人的职责，身为记者不能当旁观者而要做历史的记录者，她与站里的新闻骨干辗转进入各大收治新冠病人的医院，深入各个社区进行直播，即时记录和反映疫情情况。央视新媒体中心记者也通过直播方式持续关注雷神山和火神山医院的建设和治疗情况。此外，人民日报社湖北分社记者田豆豆，在 2020 年 2 月底公开发表新冠疫情报道稿件 240 多篇。新华社湖北分社记者对医院、社区、隔离点等多地的医护人员进行了深入采访。《湖北日报》《长江日报》和湖北广电等主流媒体的新闻工作者全面反映和记录武汉疫情的发展，连续对疫情的数据信息和防疫防控的指导思想和政策举措以及防疫的具体工作进行即时、准确发布。

面对重大突发事件，公众对媒体的报道的信任有所增加，新闻的准确性仍然是主流媒体公信力的重要保障。在人人都能发声的复杂环境中，重大事件发生造成的非常态环境，为虚拟世界中滋生诸多谣言和虚假新闻提供了条件，甚至促发集体事件。在《2020 年全球媒体调查报告》中，参与调查的新闻工作者认为，报道的准确性依然是最关键的，比差异化或首发都更为重要，新冠疫情作为人类历史上重大的突发公共卫生事件，确保报道的新闻的真实、准确尤为重要。因此，我国主流媒体新闻工作者需要通过传递真相，来防止谣言和虚假信息的侵害，实现稳定民众情绪和维护社会秩序的社会功能。

二、公共服务意识贯穿新闻实践的整个过程

近年来，我国新闻舆论工作注重服务性原则，要求新闻工作者要不断加强社会服务的能力和意识，为公众提供即时、全面、准确的信息服务，重视民生服务，贴近百姓需要。

第一，提供即时的信息服务。各主流新闻媒体及其新闻工作者有义务和责任向民众提供他们在物质和精神生活中所需的信息。主流媒体运用新媒体技术，向公众提供即时的信息服务。2018 年，中央广播电视总台《央视新闻》节目播出资讯类新闻 22 万多

条，其新媒体发稿量接近 30 万条，新闻资讯覆盖民俗、美食、交通、天气等多个方面，为民众提供了丰富的信息，《央视新闻》还推出了以扫黑、禁毒、网游治理等为主题的系列报道，为民众宣传和普及法制观念。作为网络平台，人民网充分发挥信源的权威优势，对中央和地方政策、社会热点问题进行报道，提供深入的调查报道和权威的信息服务。比如，《环保督察“回头看”》的新闻报道就是人民网新闻记者深入一线搜集相关数据制作而成的，引起了社会各界的高度重视。省市级主流新闻媒体，如《湖北日报》，及时为民众解读和传递政府在地区发展上的政策，同时围绕学生教育、民众就医、社会保障、健康保健等方面的问题推出一批深度调查报道，不仅为民众提供信息服务，还为他们提供建议，启发他们思考。

第二，关注民生，贴近群众。我国对于新闻工作的政策中，特别强调要牢记新闻工作为人民服务的宗旨和新闻工作者的职业道德，树立和坚持马克思主义新闻观。我国历届领导人，无一不重视和强调新闻为人民服务的宗旨，在新闻政策上提出积极开展“走转改”活动，坚持“三贴近”原则，就是要求新闻工作者关注民生，发现和重视民众需要，真正做到为人民服务。新闻记者吴吉阳深入了解浙江省庆元县民众的生活，从公共设施建设到民风民俗，从节日庆祝到突发事件，他总是在第一线积极对待每一个新闻线索，和乡镇村民成为朋友，发掘民众生活中值得报道的内容，于是就有了《江根乡花菜滞销 政府帮忙拓宽销路》《龙溪绿茶开采》《“茶香小镇”龙溪迎美丽蝶变》等生动的民生报道，他也成为民众心中有口碑的新闻人。再如，《经济日报》记者管斌曾说：脚下有泥土，笔底接地气。记者就应该深入群众，贴近再贴近。

总体来说，现下主流媒体的新闻工作者在履行其社会责任的过程中注重对我国具体发展状态信息的传播，关注民众生活，积极搭建政府与民众沟通的桥梁。

第五节　我国新闻工作者履行社会责任中的现实问题

我国新闻工作者在积极履行工作使命的同时，也需要警惕道德失范和传播失责问题的出现，这也是新闻工作者履行社会责任过程中的现实挑战。

一、道德失范问题

所谓失范，主要是指个体在思想或道德价值观念上出现偏差，不能严格要求自己，不按照规范行事。道德属于个体精神价值层面的内容，需要从存在论的角度去反思人之为人的目的性和反人性，找到道德失范现象出现的原因。海德格尔把人视为“此在”的存在，并且人在操劳中与“他人”发生各种关系，与“他人”形成共生关系。在共生关系中，个体不论是行为还是意识都容易被“他人”异化（以“他人”角度理解自己），致使自身本己被遮蔽，从而形成非本真的生存方式。在此过程中，“此在”混迹于共在，在不知不觉中由“他人”支配。而这个“他人”，被看作中性的“常人”。人们按“常人”的方式做一切事，并以“一切出于常人，自然由常人负责”作为推卸自身责任的借口，习惯于说“大家都这样”来为自身的“此在”开脱，个体甚至对自己都可以不负责任。“常人”带走了“人之为人”的独立性和尊严，“常人”代替“此在”存在和承担责任，个体将“常人”变成衡量的尺度，在“常人”的庇护下安全、自在、麻痹地生存。新闻工作者往往在“常人”状态中逐渐失去本真，个体独立思考、决断、承担责任的初心逐步迷失在“常人”的标准之中，这使其自身在新闻实践活动中出现偏离职业道德规范和原则的行为，从而出现道德失范问题。

（一）有偿新闻屡禁不止

1. 有偿新闻及其衍生形式

新闻媒体或新闻工作者利用其手中的采编权谋取有偿回报，从本质上讲，有偿新闻是一种新闻与利益之间交易的产物。新闻媒体或新闻工作者在一定报酬的诱导下，对采访对象扩大宣传或者掩盖真相。有偿新闻还有其衍生形式，比如有偿不闻，即采访对象通过对新闻媒体或新闻工作者提供利益来压制不利于自身的内容的报道，一般这类报道多为舆论监督题材。有偿新闻与有偿不闻都属于典型的职业道德失范现象，是某些新闻媒体或新闻工作者丧失责任精神的结果。新闻敲诈同样是有偿新闻的一种延伸，主要是指新闻媒体或新闻工作者运用采编权，有预谋地采取不正当手段，向报道对象索取非法利益的行为。新闻敲诈所触及的不仅仅是道德层面问题，这种行为已经触及法律，属于犯罪行为。

有偿新闻及其衍生形式的传播，给媒体公信力带来巨大冲击，表明部分新闻媒体或新闻工作者没有承担起维护和服务公共利益的社会责任。20 世纪 80 年代初期，有些新闻工作者开始以宣传的名义获取利益回报，有偿新闻由此登上舞台。20 世纪 80 年代中后期，部分新闻工作者拿个人红包成为有偿新闻的突出形式，这对新闻传播队伍造成了严重的道德蚕食。当时我国相关政府部门（中宣部、新闻出版署等）对此多次进行打击。例如，1993 年发布《关于加强新闻队伍职业道德坚守，禁止“有偿新闻”的通知》，要求新闻媒体和新闻工作者不得以任何名义接收采访对象的礼金和有价证券，不得向采访对象索要钱物，各单位不得以中奖办法吸引新闻工作者到本地区、本单位采访报道等，号召新闻工作者抵制有偿新闻。20 世纪 90 年代，随着媒体开始走市场化路线，媒体创收问题导致一些新闻工作者主动谋利，经济压力使得有偿新闻迅速增加。针对这一现象，1997 年中宣部及四家单位联合发布了《关于禁止有偿新闻的若干规定》，对新闻媒体和新闻工作者提出了更加细致、具体的要求。2000 年以后，以封口费为代表的有偿不闻现象开始出现。《中国新闻工作者职业道德准则》（2009 年修订版）中，特别指出要坚决反对有偿新闻和有偿不闻行为。2012 年，新闻出版总署联合发布《关于开展打击新闻敲诈治理有偿新闻专项行动的通知》，开展打击有偿新闻、有偿不闻、新闻敲诈等现象的专项行动。虽然我国相关政府部门对有偿新闻等现象进行了多次整治，但在新闻实践过程中此类现象还时有发生。

对有偿新闻等现象的监管和整治，体现着我国党和政府打击新闻工作中责任失范现象的决心，不仅要防范一些已经出现的失范现象，还要时刻关注新媒介生态环境中的一些影响因子，尤其是经济因子变动导致的新闻生产和经营模式转变中可能出现的新问题。

（二）虚假新闻卷土重来

虚假新闻治理问题一直以来都受到各国的重视，新旧媒体的融合使虚假新闻跳出了传统的范围和模式，有了更大的扩散空间和影响力。虚假新闻是一个较为宽泛的概念，我国诸多学者对它的界定提出了自己的见解。杨保军教授认为：虚假新闻里有主观捏造且没有任何客观依据、完全失实的新闻故事，也有部分被操纵和捏造的失实新闻。赵振宇教授认为：虚假新闻分为记者和新闻机构捏造的新闻、非客观新闻、公关新闻和新闻炒作等。虚假新闻从其程度来讲可分为这样几种，第一，完全杜撰的无中生有的新闻；第二，新闻事实存在但对其进行歪曲、夸大和渲染，表达原本没有的理念的新闻；第三，新闻工作者对某些专业知识、背景了解不足而错误解读了新闻事实的新闻。虚假新闻同样不是一个新的现象，1981 年中宣部与多家媒体制定的《记者守则》中就有规定，要尊重事实，严禁弄虚作假。新技术在促进信息即时交换与信息大规模传播的同时，也给虚假新闻的生产和传播带来了便利，虚假新闻造成的社会影响也越发显著。

1. 新媒体平台滋生虚假新闻，主流媒体受虚假新闻干扰

移动互联网与信息技术使人们对新闻的消费从传统的线下逐步转向了线上和移动端，新闻工作者和受众之间有了更加畅通、即时的交流桥梁，但与此同时，该技术也给未经核实的信息和谣言提供了迅速滋生的空间。美国学者托马斯和芭芭拉指出：“传

统的信源正是在来自职业和社会的双重压力下才得以向社会提供精确的、不带有偏见的信息，而任何一个网络信息都不会受此约束。”① 西方的一项研究是把 2006—2017 年发布在推特上的传言级联（rumor cascades）搜集在一起，研究数据显示，大约有 12.6 万条传言被近 300 万人传播。虚假消息往往比真实消息传得更广，传言级联中前 1% 的内容被散布到了 1,000 至 100,000 万人中，而获得真实消息的受众却很少能超过 1,000 人。同时，虚假消息的传播速度也比真实消息快得多。② 一项针对中国公民如何看待记者、媒体和假新闻的调查显示，当受访者被问及哪一类媒体平台的新闻质量最高时，近半数的受访者认为电视能提供高质量的新闻。较之电视新闻，民众对新闻网站（19.7%）、新闻 App（10.9%）和社交媒体（8.9%）的信任度要低得多。而报纸（7.3%）和广播（3.6%）在受访者中所获得的信任度最低，有将近六成的受访者认为记者在报道重大议题时有倾向性。③ 同样，企鹅智库的《2018 年新媒体趋势报告》显示，有 98% 的网民去年一年中看到过假消息，而其中近四成的网民表示经常遇到假消息，相对而言，有 65.3% 的用户认为优质的资讯是比较稀缺的，可见，坏消息驱赶好消息的现象明显。另外，真实信息被湮没在泛滥的虚假信息当中，这对于媒介环境的健康发展极为不利。调查中发现，网民对媒体发布的新闻资讯的整体信任度只到达（平均分 61.2）刚刚及格的水平，但有近 70% 的用户对新闻内容的要求依然坚持准确、客观的原则，传统媒体中的电视台和报纸在用户信任度上占据较高分数位。传统媒体较之社交媒体在公信力上的优势还是较为明显的。

从上述诸多调查分析来看，社交媒体发展迅猛，公众热衷于新闻信息的生产与发布，新闻媒体及新闻工作者的传播主体地位模糊化，舆论受到大量个体生产的低质量甚至虚假的新闻的误导，传统新闻媒体信息发布的权威性被削弱。但公众对传统新闻媒体的权威性和公信力的期待仍然较高，主流新闻媒体中的新闻工作者需要重视自身的职业角色和责任意识，在信息生产和传播过程中保障新闻的真实性、准确性和全面性，减少“劣币”对“良币”的影响，起到净化媒体环境的作用。

2. 虚假新闻有反弹之势

技术发展致使新的造假类型不断涌现，虚假新闻层出不穷。先进的媒介技术能对虚假新闻进行筛查和阻断，但同时也能为虚假新闻的生产和传播提供新的技术条件。

---

① 倪琦珺 . 虚假新闻生态研究及对策［J］. 传媒评论，2014（9）：72-74.

② VOSOUGHI S，ROY D，ARAL S. The spread of true and false news online［J］.science，2018，359（6380）：1146-1151.

③ 唐硕，石鉴，张洪忠，等 . 中国公众如何看待记者、媒体和假新闻——基于2017年全国性问卷调查的研究［J］. 新闻记者，2018（9）：20-31.

虚假新闻受诸多因素影响，同时它也反作用于这些影响因素。我国的《新闻记者》杂志每年发布的虚假新闻研究报告显示，自 2013 年起，虚假新闻的多发区就呈现出从都市报转向网络和社交媒体的趋势，其中也包含了主流官方媒体对虚假新闻的转载，体现出鲜明的媒体融合特征。2016 年，媒介生态环境进一步模糊了事实与虚构的界限，融合环境下传统主流媒体的新闻报道与自媒体生产的内容混杂在一起，而且一些未经核实的信息通过人工算法，被机器自动抓取推送给了用户。人工智能的参与进一步加剧了虚假新闻的扩散。2017 年，虚假新闻问题备受关注，各种过滤虚假信息的技术被逐步开发出来并应用于媒体筛查，与 2016 年相比，虚假新闻数量大幅减少，但这并不意味着虚假新闻完全被控制住。社交媒体仍是虚假新闻生产的温床，少数主流新闻媒体和新闻工作者如果没有履行好把关人的角色，一不小心就会成为虚假新闻散播的帮凶。例如，中国青年网刊发的《大学生娶同学妈妈背后隐藏的真相竟然是这样》新闻，被人民网、中国日报网纷纷转载，但此条新闻除了能满足人们猎奇心理以外看不到有任何社会价值，而且该新闻是由作者在往年的消息基础上修改而成的，媒体未经核实就转发，这有悖于新闻媒体及新闻工作者的职业原则和社会责任。2018 年，虚假新闻又有兴盛之势，与往年不同，虚假新闻开始变得多元化。比如，《保研大学生破解彩票漏洞获刑》的新闻不仅涉及具体信息虚构，还涉及网站的钓鱼套路，主流媒体和专业网络媒体的转发使其成为“新闻”。从 2019 年开始，短视频的市场规模急速扩大，而随着短视频形式的流行，与视频相关的虚假新闻也随之出现。2020 年 7 月 13 日，《河北日报》抖音号发布了“南昌赣江大堤管涌，15 名党员率先跳水封堵”的视频，而后人们发现该视频冒用了网友上传的恩施州消防救援支队救援培训的视频内容。实际情况则是 2020 年 7 月 11 日，新建区联圩镇廿四联圩部分堤段出现泡泉，东部战区空军雷达某旅 70 余名官兵历经 12 个小时，将险情地段的泡泉眼成功封堵，保障了大堤的安全。5G 时代的到来，使得内容视频化趋向显著，短视频平台可能成为虚假新闻的重灾区，因此它也将成为今后防范虚假新闻的重点领域。

虚假新闻的产生与传播绝非简单现象，其背后关联着复杂的价值链与利益链，还与社会政治、经济、科技、民生背景紧密关联，简单地去抵制和禁止假新闻是很难有实际效果的。[①] 同时，虚假新闻又对政治、经济、社会等宏观层面产生影响，那些关于恐怖主义、自然灾害、金融股票、科技文化的虚假信息或怪谈，比真实信息更加新奇，更能激起受众的期待和好奇心。虚假新闻也会影响受众的意识和行为，被虚假信息所

---

① 倪琦珺 . 虚假新闻生态研究及对策［J］. 传媒评论，2014（9）：72-74.

引导的主观意识指导人们的实际行为，无疑会使主客观的对应脱节，造成现实社会的混乱。因此，我们对虚假新闻的把握和改进不能单纯地停留在对虚假新闻本身的治理上，而是需要放眼在宏观环境中寻找根本性的解决办法。对于到底“谁”该为虚假新闻负责的问题，在上述关于中国公民如何看待记者、媒体和假新闻的调查中，51.7% 的受访者认为，媒体应对虚假新闻的传播负主要责任，生产新闻的记者的数量占总媒体人的 46.1%。由于关注时效性，一些假新闻可能会逃过记者的把关。45% 的受访者认为，政府和政府官员对假新闻负有很大的责任，还有 41.7% 的公众指责社交媒体制造虚假新闻。同时，只有 24.3% 的受访者认为公众也需要为假新闻的传播负主要责任。①

不管是主流媒体还是新媒体，无论是人还是人工智能，传播虚假新闻的速度都超过了真实信息。因此，虚假新闻的出现和传播其归因并不在于媒体的属性，也不在于人工智能，而在于人本身。新闻媒体和新闻工作者的职业道德素养和社会责任意识的下滑与虚假新闻的泛滥密切相关。

（三）人文关怀缺失形成价值缺位

人文关怀是新闻媒体和新闻工作者为人民服务、履行社会责任的体现。人文关怀体现了新闻媒体和新闻工作者对人生存现状的关注，对人的尊严和符合人性的生活条件的肯定和对人类的解放与自由的追求。② 20 世纪 90 年代，人文关怀思想植入我国的新闻传播领域，具体表现为媒体关注民生，重视民意的表达。然而，由于激烈的媒体竞争，媒体及其新闻工作者为谋求生存与发展的空间，有时制作出的报道缺失同情心。人文关怀缺失具体体现在以下几方面。一是忽略弱势群体诉求。弱势群体一般处于社会底层或边缘位置，没有或者较少拥有话语权。媒体及其新闻工作者在竞争中，更多关注新闻资源的走向，忽略了对弱势群体的关怀。比如，某些新闻工作者在进行直播和事件还原时缺少基本的同情心，在语言表达上比较冷漠，甚至带有嘲讽语气。忽略弱势群体的诉求，有悖于新闻报道的道德责任原则和新闻公平正义的社会责任原则。二是忽略二次伤害。新闻工作者承担着信息传播、引导舆论等职责，这要求他们在新闻报道中尽可能地呈现新闻事实，尤其是备受关注的新闻事件，报道得越详细，越深入，越能吸引受众。但与此同时，大事件特别是突发或灾难性事件，并非报道得越具体越好，新闻事件有可能会对受众的心理和价值观产生负面影响，也可能对新闻当事人造成伤害。一方面，如果新闻工作者在报道方式上不合理就容易造成二次伤害。比

---

① 唐硕，石鉴，张洪忠，等.中国公众如何看待记者、媒体和假新闻——基于2017年全国性问卷调查的研究［J］.新闻记者，2018（9）：20–31.

② 杨刚.新闻媒体应重视人文关怀［J］.晋中学院学报，2005（8）：25.

如，报道有明显的倾向性，或者在报道中呈现报道对象的受伤过程，抑或过度关注新闻事件的细节，给报道对象带来高度关注后的二次伤害。另一方面，采访方式上的不合理也容易伤害到别人。比如，在采访过程中，忽略采访对象的感受，侵犯其隐私权；在提问上过度冷漠，特别是面对作为受害者的采访对象，如果为追求时效，在他情绪不稳的情况下，提出过度敏感的问题，就容易造成他情绪上的波动，有时让他不断回忆受害细节，可能会使他的心理受到反复伤害。新闻工作者被赋予的社会责任和历史使命就是要把人作为出发点和落脚点，人文关怀的核心就在于关注人的价值和人性，而人文关怀缺失就会造成价值缺位。

二、传播失责问题

所谓失责，主要是指本应承担某种责任或义务却未能或者没有完全负起责任。社会责任论的提出过程中涉及了现代心理学对人性的研究，认为人类并非完全的理性动物，也并非全然善良，人虽拥有理性但往往因思想懒惰而沉沦于盲从。失责的传播或报道会使受众受到某种诱惑而变得盲目，也会使媒体面临信任危机，而良好的媒体环境和优秀的新闻工作者能起到激励人们运用理性来寻求和发现真理的作用。

媒体融合进程不断加快，媒体间的信息流动与整合也越发深入，而新闻舆论工作中议程设置的负面效应也随之加剧。诺埃尔·纽曼等学者认为，信息传播过程中，某些最先发布报道的媒体充当了意见领袖的角色，会对其他媒体的信息发布产生一定导向作用。另外，马西斯等学者则验证了媒体的议题也可以从非主流媒体向主流媒体流动，并被主流意识形态谨慎对待，这就是所谓的溢散效果。传统主流媒体与以网络为基础的新媒体平台形成了多渠道之间的跨媒体传播。各大媒体充分利用各自优势，提升新闻信息发布的速度与规模，特别是报道一些重大事件、突发事件时，媒体间的议程设置能强化媒体对公众的舆论引导功能。但一币双面，新媒体平台的匿名性、随意性导致诸多信息源变得模糊，再加上“把关人”缺失，新媒体平台上极易产生虚假新闻。线上传播的即时性和广泛性，特别是社交媒体的分享性、参与性和开放性等特点会使虚假新闻的扩散范围迅速扩大。不仅如此，线上传播环境还能促使群体的情绪导向形成，在一种被动的、应激性的情绪中，一些偏离性观点形成并扩散，误导公众的价值趋向。即使是专业的新闻工作者也不免会受到网络环境的影响，有时会在新闻内容的生产上，为追逐和捕捉“注意力”，忽略对新闻事实的核查，从而使自己的行为成为虚假新闻传播中的一环，这不仅影响新闻工作者个人，也会给媒体的公信力带来负面影响。

（一）新闻庸俗化：过度迎合受众的“兴趣”

1. 抢夺稀缺的注意力资源

传统媒体与新媒体在新闻判断标准上是有区别的。传统思维中比较注重从新闻价值标准去判断某事件是否能成为新闻，而不会太过考虑受众对新闻事件的关注度，但新媒体传播思维则更在意受众的接受心理，重视受众的关注点，“注意力经济”的商业逻辑并不要求故事的真实性。关于真实性，学界注意到媒介过度追逐“边角料”以形成“仿真真实来弥补事实真空”的现象，如北大学子弑母案，印证了鲍德里亚的消费场域中“仿真比真还真”的预言。① 激烈的传媒竞争中，注意力成为稀缺资源，受众的好奇心理使他们对罕见的、强烈变化的、突发性的事件更加敏感，这使得新闻工作者在寻找和发布新闻信息时更喜欢争发“独家”或特殊事件，求奇求特，以制造轰动效应，吸引更多受众参与和关注，新闻工作者由此容易忽略新闻价值。

2. 在内容上无原则地迎合公众的兴趣

搜狐新闻部的王晨曾在采访中说道：“如何及时地转变传统媒体的思维方式，满足网络新闻对创新思维和轻松活泼风格的需要？——我始终觉得轻松、快餐化应该是表达形式上给人带来的感觉，但是我还是更认同传统媒体的价值观，其实这并非非此即彼的问题，重要的是要了解受众。”② 这说明关注受众与关注传统媒体的价值观之间并非不能兼容。新闻报道中寻找受众更为关心的事件，用受众更容易或者更愿意接受的方式传达新闻内容，这本身并没有什么不妥，能更多地考虑受众需要其实也体现了传统新闻功能的一种完善。但由于市场竞争的压力、技术的演进以及受众对新鲜事物的追求，过度的商业化意图使“格雷欣法则”成为在新闻业中开启循环影响链的起点。一些对公共利益而言重要但可能不太令人愉悦且又不具备吸引力的新闻内容被迫“沉默”，媒体过度使用一些媚俗、煽情、娱乐化的信息内容来取悦受众，鼓励低俗文化价值的新闻信息驱赶掉了对公众而言更加相关的新闻内容。“导致旨趣纯正、具有社会责任感的高价值新闻只能得到传媒资源与注意力资源的低配置，而旨趣低俗、迎合人性弱点的低价值新闻却可以得到传媒资源与注意力资源的高配置。”③

（二）新闻失真化：追求速度下的“真相”

在融合媒体环境下，视频、图表、音频、动画等多种技术手段也在空间和感官上

---

① 张瑜，陈绚．仿真新闻传播逻辑的伦理底线［J］．青年记者，2018（24）：20–23.

② 张志安，刘虹岑．转型与坚守——新媒体环境下深度报道从业者访谈录［M］．广州：南方日报出版社，2015.

③ 杜骏飞．“瓦釜效应”：一个关于媒介生态的假说［J］．现代传播（中国传媒大学学报），2018（10）：31–36.

突破了传统媒体的形式限制，公众在新闻选择上更加自由，新闻内容更加丰富，时间成了需要着重关注的资源。然而，要制作有质量、准确的新闻需要投入时间和精力去挖掘新闻的细节和背景。但对于新闻真相的探寻和核实受到两方面压力的影响：一是受众快捷化和碎片化的信息接收心理和接收方式，他们对信息的需求变得“急迫”，不执着于追求整体而沉浸于碎片当中，因此，他们对速度和时间的需求尤为突出；二是媒体和新闻工作者都为了能吸引受众和在竞争中占据优势而先发布新闻。对于新闻工作者而言，不应为抢先发布新闻，而抱着新闻信息不够完善但此后也可进行后续报道的想法，致使新闻报道过度重视“新”的要素而忽略了“真”。新闻生产的指令是在最短的时间内让新闻上头条，在加速运行的多平台环境里争取轰动新闻的最大化传播。[①] 新闻内容越新，新闻价值越大，融合媒体环境下新闻传播更加讲求时效性，这已成为新闻工作者的共识。比尔·科瓦奇和汤姆·罗森斯蒂尔在《真相：信息超载时代如何指导该相信什么》中基于美国新闻业的状况将新闻分成四种模式（确证式新闻、断言式新闻、肯定式新闻和利益集团式新闻）。虽然我国新闻业的发展与美国有所不同，但也呈现出类似的新闻形态。其中，断言式新闻的特点就是过度注重时效性而忽略了准确性和真实性，它是强调即时性和声音大小的新模式。为了抢占时效而放弃对信息的核实，这完全违背了新闻真实性的基本原则。另外，断言式新闻产生的原因是新闻工作者把关责任丢失，对新闻素材缺乏能动性的处理、调查和验证过程。新闻工作者从信息的主导者变成了被动的信息传递者，成为虚假新闻、“后真相”、反转新闻的帮凶。自“后真相”一词出现以来，不论是学界还是业界都对其投入了极高的关注度。学者和行业人士都从新闻工作者的角度，反思从业者自身对此现象的出现所需要承担的责任。真实性、客观性、准确性这些对于新闻工作来讲是最基本的要求，也是保障新闻权威性和公信力的原则，但它们要让位于受众对时效性的激进追求。然而即时性并非等同于抢新闻，真实性是即时性的保障，过度重视即时性而忽略真实性会导致错误新闻信息频出。

2018 年 10 月 28 日，重庆万州发生公交坠江事件，现场流出了一些图片和信息源，新闻工作者在没有完全掌握事实和对信息资源没有核实的情况下，就对事件以及肇事原因进行了先入为主的定性，认定私家车女司机对事故发生有重大责任。在事件发生后，《新京报》《郑州日报》《中国青年报》、环球网等主流新闻媒体发布新闻，而且标题中多有“女司机”“逆行”等字眼，大量自媒体以及专业媒体后续纷纷引用和转载，

① 库尔德利.媒介、社会与世界：社会理论与数字媒介实践［M］.何道宽，译.上海：复旦大学出版社，2017：198-199.

形成了大量对“女司机”的负面言论，一度引发网络上的舆论高潮，一时间对于女司机的责骂声不绝于耳，这给其本人和其家人造成了极大困扰。然而几小时后，有关部门发布了权威调查结果，这让事件信息出现了反转，女司机从肇事者变成了受害者，这样的新闻反转大大消耗了专业媒体的公信力。学界诸多学者对传统媒体新闻人的职业素养和责任履行方面的问题感到担忧。新闻媒体及新闻工作者对速度盲目追求，将受众的注意力捆绑在自己营造的具时效性和标签化的新闻价值里，造成“拟态环境”引导上的偏离。这种以牺牲准确性与客观性为代价的做法，最终会损害和削弱媒体的公信力。

三、监督缺位问题

舆论监督是人民群众的监督，用以维护人民群众的利益。舆论监督不具有强制性，而是通过新闻媒体公开传播的特性反映公众对社会现象、社会问题的普遍意见，以达到公共监督和社会制约的目的。舆论监督的权利来自人民，他们将自身的监督权让渡给媒体，新闻媒体及新闻工作者作为替公民发声的代表执行监督权利，才使得新闻工作具有合理性和合法性。因此，向公众报道准确的事实并做客观分析是新闻工作者对公众和社会负责的表现。

舆论监督是我国进行国家治理的核心思想之一。毛泽东一直坚持“批评与自我批评”“批评报道”等观念，虽然还没有提出舆论监督的概念，但实际上明确了新闻报道有批评与监督的作用。邓小平在中共十三大的报告中首次提出“舆论监督”的概念，他指出要通过发挥舆论监督的作用来支持群众批评工作中的缺点错误，自此，“舆论监督”正式成为我国政治话语体系中的概念并始终贯穿于国家治理的核心思想当中。我国的历届领导人都在政府工作报告中提到要充分发挥舆论监督的作用以保证人民权利的有效运行，真正用来为人民谋利益。江泽民强调，要重视媒体的舆论监督，完善监督机制。胡锦涛在党的十七大报告中提出要保障人民的知情权、参与权、表达权和监督权。20 世纪 80 年代到 90 年代，我国新闻工作通过强化批评性报道，充分发挥了新闻舆论监督的作用以端正党和政府的作风建设。习近平总书记高度重视舆论监督。他指出，舆论引导与舆论监督是社会主义新闻事业的两大功能。新闻媒介的舆论监督是最经常、公开、广泛的一种监督方式，在强调加强建设、反对腐败的时候，特别要发挥新闻的舆论监督功能。《南方周末》《焦点访谈》《新闻调查》等监督性新闻报刊和新闻栏目，通过批评性新闻报道，揭露了改革过程当中的问题和矛盾，引起了政府和公民的高度关注。可以说舆论监督在我国社发展进程中发挥了积极作用。

虽然我国新闻工作者在努力实现舆论监督的职能，但容易陷入引导与监督的矛盾当中，致使主动进行新闻舆论监督的力度不足。舆论监督一般多以服务群众意识和服务公共社会的视角来呈现，新闻媒体和新闻工作者通过揭示各种社会问题帮助公众了解政府、社会和一切涉及公共利益的事务，然而，无论是我国还是其他国家，新闻工作者的新闻实践都会不同程度地受到其他因素的影响。刘昶、陈文沁指出，我国的主流媒体一向是党和政府的“喉舌”，自然要服从于政治规制。[①] 同样，方延明教授也提出：不管到什么时候，也不管在哪个国家，媒体是社会的媒体。拿揭露性报道来讲，这类新闻主要曝光社会问题、揭示社会矛盾，极易引起社会关注，同时又对报道对象形成压力，是重要且有效的监督手段。陈力丹教授在进行关于新闻自律的深度调查中考察过揭露性新闻，结果反映媒体和记者对制作揭露性新闻存在一定程度的主动回避与淡化现象。

当然，我国的新闻舆论监督也发挥着一定作用。例如，有关孙志刚事件的报道，推动了我国相关制度的废止和改善；对“毒疫苗”事件的揭露性报道，维护了公共利益和安全，这些新闻在一定程度上对我国社会生活和国家治理起到了推动作用。然而，新闻工作者在舆论监督内容的选择上还缺乏一定的主动性，比如，舆论监督类报道的内容多集中于对国家政治、经济以及外交策略的解读与监督，对于社会民生、精神文化等方面的报道还有待加强。另外，由于我国的舆论监督是自上而下的，因此，一些监督报道并非新闻工作者主动寻找问题以及对问题进行自主理解和分析的结果，而是党自身的纪检组织把事情调查好之后做出的结论。新闻工作者缺乏主动、积极、负责地去发现问题，调查事实，展开批评和对所批评的事实独立负责的责任精神。

舆论监督与引导需要保持平衡以促进社会的稳定发展。不论是舆论监督还是舆论引导，新闻媒体都力求发挥正面效应来推动政府工作，促进国家的建设发展。当下，主流新闻媒体在舆论引导方面下了更大力量，这有助于新闻引导力的发挥，但也不能因此忽视了对社会不良现象的监督。以《焦点访谈》为例，自 2013 年改版以来，从该栏目正负面新闻报道的比例上看，2013 年全年正负面新闻报道占比分别为 36% 和 64%；到 2018 年全年正面新闻占比为 77%，负面新闻占比为 23%；2019 年全年正负面闻占比分别为 83% 和 17%（见表 2.1）。可见，正面新闻数量逐年上升，负面新闻数量下降较多。

---

① 刘昶，陈文沁. 当代中国记者群体［M］. 北京：中国广播影视出版社，2018：56-57.

表 2.1　2013—2019 年《焦点访谈》正负面新闻报道总数据

年份（年）	正面报道（篇）	负面报道（篇）	比例（%）
2013	260	76	36 / 64
2014	256	284	47 / 53
2015	237	159	59 / 41
2016	157	69	69 / 31
2017	164	45	78 / 22
2018	260	76	77 / 23
2019	262	52	83 / 17

舆论监督与引导并非相互对立、不相容的，新闻工作者常常困惑于舆论监督和舆论引导之间的关系。有些新闻工作者认为负面新闻报道多了会对舆论引导和社会建设发展产生不利影响，但舆论引导并非说引导就能引导的，它需要公信力来作为资本，而公信力是需要以报道新闻事实和维护公共利益来保障的。公共利益的公共性，在很大程度上需要媒体代替民众行使舆论监督权利来塑造，媒体由此成为公众依赖的言论表达通道。如果报道只有褒扬而不揭露社会矛盾、不反映社会丑恶现象、不发现问题和展开批评是无法真实反映社会面貌的，媒体公信力也就会大打折扣，自然就会影响到媒体发挥引导力作用。舆论监督并非传递负能量，而是在问责和批评中促使人去反思和探究深层缘由，从而获得正面效应。“舆论监督不仅没有撕裂社会，反而有利于弥合社会的裂缝。”[①] 因此，需要考虑对舆论监督与舆论引导进行再造，使两者形成合力，如此，新闻的社会功能才能真正发挥出来。

本章小结

自中华人民共和国成立以来，我国新闻工作者社会责任的演变大致经历了四个阶段。其中，在改革开放前工具性角色突出；在改革开放初期，政治责任与经济责任共进的局面持续存在；在改革深化阶段，由于改革开放的不断推进和深入，社会责任缺失现象凸显，履责困境加剧；随着新型信息技术的迅猛发展，媒介生态环境失衡，我国对环境系统的调整方兴未艾，责任要求有待更新。在此过程中，我国新闻工作者社

① 丁柏铨 . 论舆论监督和正面宣传的辩证统一关系［J］. 新闻爱好者，2016（3）：5.

会责任的发展演进呈现出在责任文化积淀方面发展缓慢、在社会改革与技术发展双重冲击下责任内涵变化快速的特征。

媒体融合环境背景下，我国新闻工作者社会责任的基本内核呈现多层面、复杂化的状态，不同的历史背景与社会环境会形成对新闻工作者不同的社会责任要求。因此，对新闻工作者社会责任的考察不仅要涉及主观精神和道德层面，还需要结合具体的社会环境，从新闻工作者的社会角色与社会功能层面体现和对应当下现实的社会责任基本原则和基本要求，即在坚持马克思主义新闻观、坚持习近平新闻舆论思想的指导原则下，强调新闻工作者应该根据自己的社会角色承担在服务中引导舆论、在规范下务实监督、在转变中拓展新闻深度、在实践中维护公平正义等责任。

社会的进步与技术的发展，推动新闻工作者在舆论引导和社会服务等方面有突出表现，但新的媒体环境也给新闻工作者践行社会责任带来了诸多困难与挑战。从道德层面来讲，有偿新闻屡禁不止、人文关怀缺失使得新闻工作者社会责任价值缺位现象凸显。从信息传播方面来看，新闻内容的庸俗化、假新闻的泛滥严重影响媒介组织及新闻工作者的公信力和影响力。此外，需要深入分析媒介舆论监督作用与功能弱化的原因。

第三章　我国新闻工作者履行社会责任的技术影响因素

当下媒介生态环境的演变让人们更加清晰地认识到环境对人的逆向作用已经发生。“人创造环境，同样环境也创造人。”[①]不同的媒介形态会对应不同的新闻生产模式和水平，新闻观念与思维亦受其影响，而技术革新又是导致媒介形态变化的重要因素，因此从连锁效应来看，技术变革是推动新闻工作者社会责任演变的重要力量。技术作为媒介生态环境系统中的主导因子，其迭代与创新深刻影响着新闻工作者对社会责任的理解。

第一节　我国新闻工作者社会责任发展的技术驱动分析

人类社会的发展演进过程，伴随着信息生产技术的发明创造与更新，技术是“人的延伸”，人与技术之间形成了一种“联合”关系，在这种关系中，一方面，技术增强了人们在信息传输上的能力，更好地满足了人在交流与传播上的需求；另一方面，人对技术的过度依赖也导致了人的自主性受到干预，人被视为工具化或对象化的存在。新闻工作者作为新闻传播活动的主体，能对技术进行合理掌握与使用，是实现社会功能和社会责任的关键主体性因素。

一、时代新技术的驱动

近 10 年来，我国媒介技术的发展和对新闻传播系统的渗透，推动了媒介生态环境

① 中共中央马克思恩格斯列宁斯大林著作编译局．马克思恩格斯全集（第 1 卷）［M］．北京：人民出版社，1975：43.

发生颠覆性变革。2009 年，微博兴起，引发社交媒体平台创建热潮，2012 年，微信公众号上线，2013 年，大数据、云计算等数字技术又成为新的发展动力，2016 年，移动互联与人工智能技术深入媒体产业内部环节，我国媒体走向智媒发展阶段。如今，以 5G 技术为基础的移动通信技术的发展，进一步推动了媒介生态环境的变革，以信息技术、数字技术、人工智能为代表的技术集群的革新，已经在一定程度上落实到新闻生产的采、写、编、评、主持、制作、发布等各项环节中。

（一）降低劳力依赖：数据新闻

数据新闻是一种基于数据的抓取、挖掘、统计和分析，从海量信息中发掘数据背后的关联与模式，并以可视化手段呈现的新闻报道方式。数据新闻最早萌芽于计算机辅助报道和精确新闻，但它又不同于这两者，计算机辅助报道和精确新闻，更多的是利用数据来增加报道的准确性和客观性，因此，数据成为对新闻报道内容在可信度和权威性上的一种补充或佐证。而数据新闻则是以数据为主要内容，利用数据体现事物全貌，刻画事物特征，展现事物动态变化过程。通过数据分析和可视化新闻报道方式，公众可身处大数据之中，了解事物的某些规律、事物之间的内在联系或者某些内在模式，公众也可根据数据变化预测事物的发展趋势。数据新闻通过对数据的深度挖掘和对各种交错关系的分析，将复杂、难懂的专业信息内容，以清晰的图像和可视化互动方式进行常识化、具体化和生动化解读，这更符合受众的信息接收习惯。数据新闻的技术优势能让公众更加全面、客观、深入地洞察社会现实，而它的预测能力则能帮助媒体更好地实现社会环境监测的功能。不仅如此，可视化形式增强了受众的关注度、参与感、交互感，为受众提供了更加优质的信息服务。自 2007 年起，《卫报》《金融时报》《纽约时报》等西方大型媒体率先进行了数据新闻实践，我国的网易、搜狐、腾讯等网络平台以及中央电视台、新华社等权威主流媒体也纷纷加入了数据新闻报道队伍。

数据新闻降低了新闻生产对人工劳力的依赖，一定程度上改变了新闻的生产方式和生产流程。在传统的新闻生产中，新闻工作者需要在第一时间尽可能地寻找并获得新闻信息，而当下的环境中，信息极度丰富，人们已不再是信息的被动接收者，而转变成为主动搜索重要信息和与自身相关信息的积极行动者，数据新闻恰好符合受众对信息形式的需求。另外，数据新闻生产与传统新闻生产有所不同：首先，需要通过数据挖掘技术来搜集相关的新闻数据；其次，对所搜集的数据进行分析、筛选和鉴别，获取数据中的相关关系和有价值的信息；最后，以可视化方式进行数据信息阐释。数据新闻的内容生产，要求新闻工作者掌握大数据的相关技术，理解数据之间的关系，并能在准确应用数据的基础上对新闻事件有深入的分析。

（二）全时态赋能：移动新闻

移动新闻颠覆了传统媒体的社会话语和舆论格局，移动互联网络使人们之间的信息交流可以在任何时间、任何地点实现。移动新闻以移动通信技术和设备为基础，为移动用户提供即时、直接的新闻资讯，满足用户碎片化时间阅读的需求。

移动新闻以技术为驱动，全面赋能新闻的生产、制作、发布过程，具有自身新的特点。一方面，在新闻生产和制作流程上更加智能，不断贴近用户需求。新闻工作者主要利用移动设备（例如手机、平板电脑等）、移动互联技术，以及文字、图片、视频、音频等多种媒体形式，进行新闻信息的实时记录、编辑与播报，用户几乎能在任何时空方便快捷地接收信息和发布意见。同时，移动互联设备的便携性和多媒体呈现形式的多样性，使用户能从感官上获得更加丰富的新闻信息，用户体验更好。另一方面，移动新闻客户端的新闻生产模式也呈现多样性特点，满足了不同新闻生产需要。PGC（Professional generated content）具有典型的传统媒体新闻生产的影子，对新闻的质量有较高要求，一些专业的主流媒体多采用这种形式。RSS（really simple syndication）这种信息内容聚合型模式，主要通过用户订阅有针对性地推送用户感兴趣的新闻信息和话题。UGC（user generated content）用户多以自媒体为平台生产新闻内容，UGC 为个体打破传受关系壁垒，创造和传递自主性信息提供了渠道。AAC（advanced technology）设立一定的算法框架模型和维度，根据用户行为进行智能算法分析，推送用户感兴趣的新闻内容。此外，移动新闻的出现增加了新闻种类，多层面地满足了用户需求。虽然移动互联技术模糊了传统媒体时期业界对传受身份的界定，但人人都可以参与到新闻活动中来，这进一步提升了新闻报道的时效性，扩大了新闻报道的影响力。

（三）挑战时空理念：VR 新闻

智能和多元化的新型技术让公众在传输新闻信息上实现了从单一形式向立体形式的转化。VR 技术是对时空理念的全面挑战，沉浸式的场景感、代入感以及为用户提供丰富的感官体验是它典型的技术优势。它通过在外部环境上形成新闻的全景呈现，让受众获得与在现实世界中相同的感受。新闻媒体能通过训练机器人记者适应不同的现场报道环境，通过虚拟现实技术建构人类无法亲临的新闻现场。人工智能与虚拟现实技术的耦合，让受众摆脱了只能局部接收感官信息的局限，更大程度上感觉到新闻发生地的状态，感性认识上对新闻产生深刻印象。VR 技术打破时空界限，提升了人们对媒介的综合体验。

不过，由于 VR 新闻会使受众接收到更为多元和复杂的感官信息，因此其娱乐效果较之公共价值似乎更为突出。虽然虚拟现实技术与新闻报道的融合还有待进一步推进，但其趋势不可阻挡。VR 新闻的生产更加注重技术的运用，新闻工作者因生存空间受到技术人员的挤压而产生了更大的危机感。

（四）失业的潜敌：会学习的新闻机器人

新闻机器人是自动化新闻的拟态化表达，其主要通过算法对海量数据进行处理，并将这些数据转化成叙述性文本，进行精准推送和模式化报道。新闻机器人在制作即时性要求较高的新闻或者数据统计类新闻（例如体育类新闻、财经类新闻等）方面有较为显著的优势。2015 年 9 月，腾讯财经推出我国首个智能写作机器人 Dreamwriter。主流媒体也未甘落后，同年 11 月，新华社推出了“快笔小新”，新华社关于体育赛事的中英文稿件和财经证券类新闻快讯由大量机器人写作完成。机器人写作突破了人的一部分生理能力极限，比如，智能 MAGIC 以“数据 +AI+ 计算资源”的模式在俄罗斯世界杯期间生产了 37,581 条赛事短视频新闻，最快的一条《俄罗斯 2∶0 领先埃及》新闻的生产仅耗时 6 秒。① 这对于传统新闻生产者来讲，是不可想象的速度。不仅如此，智能 MAGIC 还可以对大量的文本进行处理，帮助记者从数据和历史文献中挖掘潜在的趋势和选题，从众多文本中提炼出例如名字、地区等关键词语来帮助记者找到人或事件的相关关系。新闻工作者由此可从大量的文件梳理等基础性工作中解脱出来，大大提高工作效率。当然，新闻机器人依赖于结构化数据，因此它要严格遵循数据格式和长度规范，在语言和结构上相对模板化和单一化，在解读事件“为什么”或“如何发生”上体现出解释性的缺失。弥补这些缺陷，丰富数据的独特性和结构化是该技术未来发展的重要方向，同时，这也表明新闻人作为传播主体在应对复杂信息上仍具有技术不可轻易取代的优势。

5G 移动通信技术的实现与发展，使得数据传输速率远远高过以往几代的移动网络技术，并有效地降低了网络延迟，进一步增加了系统的容量，保障了大规模设备的顺利连接。在 5G 技术的推动下，除了上述媒介技术以外，还有一些技术手段在新闻生产过程中发挥着作用，如机器学习技术（机器通过深度学习，形成自己而非指令所给出的判断）、语音转换技术（进行语音和文本之间的相互转换）等。亚马逊的 Echo 语音处理技术，能将新闻文本转换为语音形式并形成虚拟合成音，而语音转换成文本的技术更是提高了记者的采写效率。密苏里大学正在开发一款语音转文本 App——

① 新华社 . 世界杯结束了，Magic 这条生产流水线却不会停下来［EB/OL］.（2018-07-17）［2021-07-22］. http://www.xinhuanet.com//zgjx/2018-07/17/c_137330386.htm.

Recordly，希望提高采访和写作效率。[①] 在声控媒体技术和5G技术结合的发展背景下，可视化新闻、短视频、智能音箱等音视频的转向将会延续和深化。《纽约时报》、BBC等国外主流媒体已经开始围绕该技术调整新闻生产和传播模式，从而打造新的媒体融合增长点。中国对此技术进行了开发和应用，移动端的短视频新闻形式符合当下年轻人的阅读习惯。

5G技术的兴起更加推动了移动视频新闻的发展。人工智能、虚拟现实技术应用到新闻生产、制作和发布过程中，在很大程度上改变了传统新闻媒体的运作方式。在呈现方式上，技术所提供的沉浸和体验式的方式，调动了受众的多种感官，使其从身体和精神上都能体验到新闻。而这些改变促进了媒体融合的不断推进，将新闻信息传播活动推入新的领域。新闻工作者作为新闻生产和传播的主体需要迅速适应和学习相关技术以跟上新模式的步伐。

二、技术渗透下的责任困扰

技术渗透于新闻生产过程中，打破了原本清晰的主体责任归属界定，给新闻媒体和新闻工作者的社会责任认定和履行增添了困扰。先进技术的演变具有“双刃剑”作用。从积极的角度来看，技术在为新闻工作者减轻工作负担的同时，又为他们尝试新的业务形式提供了基本条件，同时，帮助了新闻媒体和新闻工作者通过多样、综合的传播形式为受众提供更加多元化的感官体验。但当人们欣喜于技术给新闻传媒带来变革的同时，也不得不清醒地认识到它和传统媒体形式、新闻工作者之间存在冲突。因技术的影响，媒体及新闻工作者有了更多困扰。第一，新技术在报道速度和新闻呈现上彰显便利和减轻劳动负担的同时，也使新闻工作者有被排挤出职业分工体系的风险。比如，数据新闻作为一种劳动形态参与社会分工，会使新闻工作者的专业职能受到冲击，技术若反客为主控制和排挤人的力量，将会影响人和社会的发展。第二，技术赋能提升了民众的主体地位。传统媒体时期的读者、观众、听众等是明确的受众角色，在媒体融合发展的环境下，他们已经转换为具有较强主动性、活跃度、参与度的用户角色。新媒体技术为用户直接参与新闻的生产和发布提供了条件，用户成为关注、点赞、评论等反馈信息的提供者，媒体内容的生产者，并在一定程度上影响着舆论的趋向和传播范围，这样一来主流媒体在舆论引导上的困难就增加了。由于一般民众缺乏

---

① 余婷，陈实．人工智能在美国新闻业的应用及影响［J］．新闻记者，2018（4）：33–42.

专业新闻工作者的社会责任意识，他们时常成为谣言的制造者和散布者或是偏执意见的表达者，这些非理性的言论和偏向性舆论可能对新闻事件或人物本身产生负面影响，且在网络空间中，负面影响会被放大，这样更容易分散人们对真实信息和主导性意见的关注，有碍于主流媒体的舆论引导。民众缺乏社会责任意识，需要新闻工作者从专业的角度对其进行引领和教育，这从侧面体现了专业新闻工作者拥有社会责任意识的重要性。第三，沉浸式新闻在价值观判断上的困难容易导致伦理风险。在感叹 VR 等技术给受众带来高度用户体验感的同时，也需要考虑调和现实与虚拟之间的关系。吴飞教授曾提出，VR 技术的发展，将会模糊现实环境和拟态环境之间的边界，那么何为真实、何为新闻的真实性等原本关系新闻业生死的问题将会受到根本性的挑战。散乱的感官信息和好奇心理，可能会使公众无法专注地寻找和判断体现新闻核心价值的内容，从而导致信息的误读或新闻价值传达的偏离。另外，VR 新闻制作在还原血腥、灾难场面还是保护新闻当事人隐私问题上无法做到平衡。对于如何使用 VR 等技术，新闻业陷入选择的困境，如果完全还原现场，则会面临人文缺失和伦理问题的拷问，但如果通过技术加以遮掩和修饰，又会失去 VR 新闻本身存在的价值和意义。虽然先进的技术手段给用户提供了极丰富的感官体验，但拟态环境下的信息呈现和新闻真实性的责任要求之间有融合也有冲突，在利用该技术时需要价值指导，而新闻工作者的价值立场对 VR 新闻制作有直接影响。在顺应技术发展的情况下，需要寻找人与技术合作的合理方式。

综上所述，新闻工作者除了看到先进技术给媒体带来优化影响以外，还应重视提升对技术的认识、管理、利用和控制的能力，新闻工作者需要承担起监督数据合理、合法使用的责任，还要当好数据的驾驭者，发挥数据新闻技术优势的同时防止技术的反向控制，从而使数据新闻以良性效应服务社会。

三、媒体融合下的责任整合

媒介生态环境下，技术参与带来了新闻工作者职业分工的解构和再整合。新媒介技术介入新闻生产过程，使得新闻工作者原有的工作形态发生了改变。从工作侧重上说，数字技术能帮助新闻工作者快速查找到新闻报道所需的内容，让新闻工作者将更多时间用于对已有新闻内容的解释与丰富上。从工作角色上说，新闻工作者由过去的“独行侠”转变为了现在的“跨媒体平台的团队成员”。新技术在新闻生产链上的渗透不断深入，致使传统的新闻生产模式不能完全跟上和适应变化，这也导致具有传统思维的新闻工作者不断被边缘化，而掌握了先进技术的新闻工作者更受关注，这或许是每次从旧时代变革到新阶段时都要面临的阵痛。

目前，我国正在进一步推进媒体融合的纵深发展，技术仍然是主要动力。媒体平台的建立和融合体现了传统媒体紧跟新技术发展趋势和步伐的内在需求，也是媒体融合环境下它们能在激烈竞争中生存的出路。从中央到省（市）主流媒体，再到县级融媒体中心，各级各类媒体纵深发展形成传播矩阵是我国媒体发展的重要目标。我国主流媒体，皆走在变革的前列。2017 年 12 月 26 日，新华社宣布，由新华智云科技有限公司研发的人工智能平台“媒体大脑”落地，它具有新闻分发、智能会话等多种功能。几乎同一时间，南方报业传媒集团就建设智慧型文化传媒集团进行了总动员。人民日报社已拥有 142 个微信公众号，118 个微博机构账号和 31 个移动客户端，其新媒体用户量总计已超过 3 亿。据《2020 全国党报融合传播指数报告》统计，全国党报的网站开通率为 96.8%，微信平台和聚合新闻客户端入驻率均接近 90%，84.4% 的党报开通了抖音账号，78.8% 的党报建设了自有客户端（App），76.1% 的党报开通了官方微博账号。此外，移动新闻直播形式受到了用户的青睐，也成为许多主流媒体客户端的重要传播方式。直播应用能实时制作和同步传播多媒体形式的内容，使用户在新闻视听体验上有更加切身的感受。在移动互联、大数据、算法运用、人工智能等技术迭代发展的过程中，传统主流媒体出于生产与发展的需要，要及时开拓新的平台和渠道，而媒体融合的目的就是通过媒体之间多元素、多向度的协同共享形成一种整合的、优质的综合竞争力。

媒体融合进程中，技术在促进媒介生态环境变化的同时也带来了一些新的问题。当下阶段，因多种技术叠加式发展，媒介生态环境一直处在非稳定的状态中，这对新闻工作者在社会责任意识方面提出了新的挑战和要求。哈钦斯在《一个自由而负责任的新闻界》报告中曾提及科技给新闻界带来的影响，他在肯定技术在拓展大众传播范围以及吸引受众方面功能的同时，也强调了新闻界在组织和选择材料、帮助公民筛选信息方面的责任和任务。另外，该报告还指出，仅仅是大众传播数量和种类的增加并不能增进人们的相互理解，反而可能会强化偏见和仇恨，新闻界有责任运用新的传播工具给民众呈现复杂事件中的真实画面。现下同样处于新技术迅猛发展阶段，多种媒介技术和媒体形式层出不穷，已远超哈钦斯时期的媒介技术发展状态，信息传播环境更为复杂，如何利用好多样的媒介技术和资源，为公众提供真实全面的信息内容，承担起社会责任，同样也是摆在当下新闻工作者面前的挑战。在整体媒介生态环境变化的过程中，我们在肯定技术先进性的同时，也必须关注到它可能导致的问题，媒体及新闻工作者需要有应对这些问题并有效履行好社会责任的意识和能力。

第二节 我国新闻工作者社会责任发展的内部因素驱动分析

在媒体融合这一具有时代性的媒体发展时期，媒介技术正在持续改变着传统的新闻媒体体系，同时又在积极建设与时代相适应的新体系。拟态新闻、微信新闻、大数据新闻、短视频新闻等多样化的信息传播形式使新闻工作者在职能作用、工作方式、职业思维、新闻理念上面临更多的调整，新闻工作者只有迅速适应新的媒体环境才能更好地发挥专业作用。长期以来，主流媒体的新闻工作以职业新闻人为核心展开，职业新闻人中一部分是由传统主流媒体转型而来，具有专业新闻教育背景，代表了传统的新闻价值取向；另一部分人则是技术出身，对新闻理论知之甚少，但又是融媒体技术的实际操作者。这样一来，专业人才队伍中便出现了懂新闻的人不懂技术、懂技术的人不懂新闻的尴尬现象。新闻工作者在新技术的掌握和运用、思维模式的转变以及价值理念的选择等方面并未完全适应融合媒体的发展进度，进而影响了他们的职业功能的实现和社会责任的发挥。

一、技术认知滞后与技术导向之间的冲突

高速发展的信息与传播技术加速了媒体发展和融合的步伐，主流媒体面对传媒新业态，始终在倡导和尝试对大数据、人工智能等技术的运用以回应媒体融合过程中的要求。但技术具体发展到了哪个阶段、是否已经成熟、未来是否还会进化、这些技术能够实现什么、如何将其运用到新闻实践中等问题日渐凸显。新闻工作者作为新闻生产和传播的直接主体，对技术还缺乏清晰的认识，原因在于，一方面，当下技术的发展速度不断加快，新闻工作者在跟进技术变化速度上还需努力；而另一方面，他们从主观上对掌握技术这件事还需要更加积极主动。

胡翼青教授的《人工智能的“幻影公众”》一文，涉及了新闻工作者对人工智能参与新闻生产的态度的调查，调查结果表明：新闻工作者中，高职称记者较低职称记者，更关注人工智能的发展动向，知识储备也相对丰富。这些高职称记者多已走上领导岗位，较之年轻记者更需要关注行业和组织的发展动向。他们大多已有5—15年的从业时间，属于新闻媒体的中坚力量。工作时间在20年以上的资深或高级记者，由于常年

遵循传统新闻的生产流程，且对技术知识和技能的掌握有限，因此他们对人工智能技术的了解不多。但较为意外的是，从业不超过5年的青年记者对人工智能的认知水平也很一般。技术发展伴随着青年一代的成长，年龄较小的记者按常理来说应该更容易、更习惯、更愿意在工作中利用人工智能以形成新的工作模式，但结果发现，他们将工作重心放在了应对手头的工作上（见表3.1、表3.2）。从调查结果可以看出，许多新闻记者并不热衷于了解新技术对行业和社会的影响，而将更多的精力放在了具体工作上，传统新闻媒体意识仍然很强。尽管新技术的采纳推动了新闻编辑部不同程度的变化，但原有的组织文化和内容生产逻辑——从如何接近消息来源到如何吸引受众——依然在按部就班地发挥作用，即便是那些创新程度较高的媒介组织内部也是如此。①

表3.1 工作年限与如何看待AI利弊的交叉分析

工作年限（年） 态度	1–5	6–10	11–15	16–20	21及21以上
利大于弊	64.9%	64.3%	71.7%	70.0%	40.0%
利弊相当	21.6%	15.7%	17.4%	10.0%	30.0%
弊大于利	5.4%	4.3%	2.2%	5.0%	10.0%
不确定	8.1%	15.7%	8.7%	15.0%	20.0%

表3.2 工作年限与如何应对AI的交叉分析

工作年限（年） 态度	1–5	6–10	11–15	16–20	21及21以上
立即应对	27.0%	22.9%	21.3%	15.0%	20.0%
适度应对	62.2%	62.9%	61.7%	45.0%	50.0%
不必担忧	10.8%	11.4%	17.0%	35.0%	20.0%
多此一举	0%	2.9%	0%	5.0%	10.0%

可见，技术与需求之间的割裂，在很大程度上归因于专业媒体机构以及新闻工作者对技术的认知落后和被动接受，这直接会导致新闻信息的生产和传播陷入同样的被动局面。比如，有些记者对数据新闻这个概念已经很熟悉，但对其认识有限，不清楚数据新闻的作用在于在对数据进行分析的基础上发现数据背后的价值。当数据的价值

① 陆晔，周睿鸣. 新闻创新中的“协作式新闻布展”——媒介融合的视角［J］. 新闻记者，2018（9）：8-19.

没有被深入挖掘时，数据新闻的传播价值会大打折扣。在激烈的媒体竞争中，无法呈现更具吸引力和接纳性的新闻，会造成媒体引导力弱化，进而会影响媒体自身的发展。新闻工作者主动认知媒介技术与受众信息接收需求之间的关系，看清技术作为工具给新闻传播带来的积极或消极影响是有必要的。

二、新技术推进与传统思维边缘化之间的矛盾

传统主流媒体在新媒体平台上发力较晚，与其他媒介形式相比呈现出竞争力不足的状态，其根本原因之一是新技术推进下的新闻生产运作与传统新闻工作者的新闻生产思维之间存在矛盾。

第一，团队协作中的矛盾。在传统媒体的新闻业务实践中，记者几乎可以一个人完成新闻生产的绝大部分流程，记者与记者、部门与部门之间的分工相对明确且没有过多打搅。而媒体融合背景下，面对外部冲击和内部转型的压力，主流媒体需要引入新的工种，以满足媒体的技术化转向需求，比如前后端工程师、数据分析师、产品经理等。如前所述，这样的人才需求变化，致使当下的新闻生产不再是记者孤军作战，跨岗位、跨部门、跨机构协作已成常态。这种协作需求促使新闻工作者在角色上需要适应从“孤狼”变为融媒体团队中的成员的转变。然而，不同工种成员会有各自的工作理念和思维逻辑，当多元岗位人员聚集到一起工作时，难免发生冲突和矛盾。比如，新闻工作者在与技术人员的合作中，新闻工作者可能不太知道什么样的技术手段能呈现出自己想要的内容，又或者新闻工作者会疑惑新的媒介技术需要怎样的新闻素材，而技术人员也可能会因为缺乏新闻采编的业务实践而难以给出具体的编辑指导意见，最终影响了新闻的整体呈现效果。再者，新闻工作者和技术人员在新闻生产的侧重和思路上可能会产生专业理念上的矛盾。比如，技术人员在新闻生产中，可能更在意设计，而新闻工作者更关注对新闻内容的理解、新闻价值是否突出等问题。媒体融合进程中的新闻生产理念与传统新闻思维是存在差异的，主流媒体要减小和消除这种差异，就需要让新闻工作者及时成长为全媒体人才或是智媒人才。然而，目前新闻行业中的“全能记者”并不多，在适应融媒体技术深度介入新闻生产的现实情况中，实现新闻工作者与技术人员之间精准沟通是重点要解决的问题。

第二，对技术功能差异性的曲解。新的媒介生态环境下，新闻工作者本应具有掌握不同信息传播渠道的能力，以及多种形式的内容的生产、制作能力，然而，传统媒体新闻工作者在适应快速运作模式方面有其自身的困难。例如，传统媒体的新闻工作

者在短视频新闻传播方面虽然也有所创新和发展，但部分新闻工作者还未能真正理解短视频新闻的效用和优势，或者说仍以原有的思维理念来看待短视频新闻，认为这纯粹是传统新闻传播的又一种新的转载形式。因此，他们所做出的短视频新闻往往直接照搬传统新闻的内容，缺少信息创新或二次加工的过程，没有意识到用户在此类新闻形式上的个性化和差异化需求，这导致传统新闻媒体的短视频新闻传播未能达到理想效果。在现阶段，传统媒体的中坚力量仍是一批从传统媒体兴盛时期成长起来的记者与编辑，这些新闻工作者将传统的思维模式和理念应用于新兴媒介的运作当中，思维与技术格格不入，自然也无法让“旧”思维发挥出“新”效用，这导致专业新闻工作者也可能转变成“外行人”，对他们而言，不仅要改变新闻生产手段，更关键的还是要改变思维。

第三，除了新闻工作者自身思维转变具有被动性之外，媒体机构对新媒体技术和传播形式的重视程度也不够。一些传统媒体看似积极进行着与新媒体的融合，但实质上部分传统媒体组织并未给予新媒体应该有的重要地位。较之传统媒体新闻工作者，从事新兴媒体的新闻工作者在收入待遇、培训机会、晋升机会等方面时常处于不利地位。另外，传统媒体把新闻可视化看作一种补充工序，在整个新闻生产中先出文字再来进行可视化设计，视觉编辑一直受文字记者和编辑的支配，处于从属地位。不仅如此，传统媒体内的新媒体部门与最高决策层之间在认知上也存在分歧，最主要的表现是，最高决策层并未安排足够数量的人员来支持新媒体部门，① 甚至在一些单位，时常是一些新闻工作者在传统媒体业务岗位上表现较弱才转岗到新媒体。可见，传统主流媒体进行媒体融合和改革时，并未在思想上将新媒体作为一种平等的形式来接受和革新，更多时候是将其看作生产传统新闻的附属和辅助工具。

传统媒体与新媒体的融合，不仅仅是技术和经济层面的融合，还是人的融合。传统的职能细分与思维方式已无法满足当下媒介生态环境的需要，主流媒体新闻生产跨越多种媒介平台的趋势已经不可阻挡，若不能在技术和思维上与时俱进，造成新技术与传统新闻思维之间的断裂，主流媒体影响力和引导力方面的核心地位在激烈的媒体竞争中难免会受到冲击。新闻工作者无法在新的媒介生态环境中发挥专业职能、履行社会责任以及实现职业理想，其主观积极性和能动性就会下降，其就可能主动或者被动地离开新闻媒体。我国新闻行业第三次离职潮中，有不少新闻工作者的离职原因就在于此。在新媒体技术浪潮中，没有哪个行业会故步自封，媒介技术变革浪潮必然会

---

① 杨奇光．媒体融合时代的新闻室矛盾：基于新闻可视化生产实践的考察［J］．新闻大学，2018（1）：18–26.

波及新闻传播研究、新闻人才培养及从业者的成长轨迹。如果新闻界闭目塞听、固守既有清规戒律，就会成为“新世界的盲人”，既不能使用先进的工具，也对新世界的规则一无所知，同时也看不清任何来路和去路，势必会成为媒体社会的弱者而被淘汰。[①]

本章小结

技术的快速发展与新型信息技术的不断创新为新闻工作提供了外部技术支撑，诸如数据新闻、移动新闻、VR 新闻以及新闻机器人等各种新兴技术本身就是对新闻生产的赋能，降低了受众获取新闻信息的成本，促进了信息的传播，从而催生出了新型新闻内容生产模式、呈现形式及传播渠道。但与此同时，技术渗透也带来了专业劳动力被排挤的职业分工风险、主流媒体意见引导力上的困扰以及仿真新闻导致的伦理风险等，这都给新闻工作者价值理念、社会责任的建构与实施带来了巨大冲击与挑战。技术元素所引发的震荡，促使传统新闻生产过程和传播形态发生转型，而新闻工作者的社会责任要求还无法与之完全匹配。就新闻工作者本身而言，即内部结构来讲，对新型信息技术的认知与掌握落后、新技术与传统思维割裂都是技术迭代与新闻工作者思维理念边缘化之间矛盾产生的重要诱因。

先进技术的演变具有“双刃剑”作用，新闻工作者可以利用先进技术对新闻信息进行全息呈现，但同时技术的进步也可能导致虚拟与现实之间界限模糊，这又成为新媒体环境中的新问题，这些新问题会引起一系列连锁反应。

---

① 史剑辉 . 新闻观：人文主义转向何以可能？——南京大学杜骏飞教授学术专访［J］. 新闻记者，2018（10）：29-36.

第四章　我国新闻工作者履行社会责任的社会影响因素

第一节　媒体产业整体转变

一、媒体产业结构变化

市场经济的发展促使不同性质和层次的新闻媒体参与市场竞争，在巨大的竞争压力之下，媒体机制的调整直接影响到新闻工作者的具体实践。改革开放和市场经济发展为媒体产业结构变革创造了条件。过去，我国经济体制经历了从计划经济向社会主义市场经济的转变，在这个过程中新闻行业逐步进行了相应的变革，进而保持了媒介生态环境在整体上的平衡与稳定。如果媒体的运营机制能适应经济的发展趋势，则可以促使媒体将更多的精力用于履行社会公共服务的责任和义务上；反之，当媒体机制有疏漏时，则媒体可能过度受经济利益的干扰，而忽视新闻价值甚至放弃应该坚守的职业道德，由此会产生社会责任失范与失责现象。

我国市场经济不断深化，经济生态环境对新闻工作者的社会责任意识和行为有根本性的影响。1978 年以后，我国的经济环境在国家制度变革的刺激下发生了巨大转变，政府对经济体制进行了重大调整。十二届三中全会通过的《中共中央关于经济体制改革的决定》首次突破了计划经济和商品经济的对立情势，提出了在公有制基础上有计划地实行商品经济，政企职责分开，增强企业活力，促进社会主义商品经济的发展。而在十四届三中全会上又通过了《中共中央关于建立社会主义市场经济体制若干问题的决定》，进一步打开市场，推动经济开放，自此，我国开始全面实行社会主义市场经济体制。20 世纪 90 年代，晚报、都市报兴起，媒体依靠广告来保障运营，广告为媒体提供经济支持。2001 年，我国正式加入世界贸易组织，与世界经济接轨，经济发展进入快车道，整个社会经济环境的变化促使各行业市场化程度不断加深。我国新闻行业发生转变也不例外，全球化进程促进了媒体在产业结构上的调整，新媒体不断冲击传统媒体的市场空间。比如，国际期刊联盟（FIPP）对 2015 年以来的全球纸媒电子版收入增长情况做了分析，在传统纸媒逐渐面临生存压力的情况下，纸媒电子版的收益却逐年稳步上涨。经济全球化进程中，我国市场经济的全面发展和人民物质文化需求的日益增加，在很大程度上刺激了媒体市场化和运作模式产业化。在竞争日益激烈的情况下，谋求经济利益成为媒体经营者的重要目标。新媒体技术的介入使资本由传统媒体流向新兴媒体。移动互联技术的发展，推动媒体产业结构发生变化。2013 年，传统媒体、互联网和移动终端处于“三足鼎立”的态势。2014 年，网络媒体的广告份额首次超过传统媒体，新兴媒体不断抢占传统媒体市场份额，传统媒体与移动互联网在此阶段各占半壁江山，2017 年，已转向“一超多强”的局面——移动互联网的市场份额接近一半，传统媒体总体规模仅占五分之一，其中报刊、图书等平面媒体的市场份额占比不到 6%。2018 年，中国传媒产业已占有世界传媒产业的七分之一份额，传统媒体与网络媒体的融合进展明显。近几年，我国媒体产业结构出现大众媒体、平台媒体和自媒体等多种媒体形态并存且相互竞争的局面，数字经济、人工智能、5G 背景下，媒体产业进一步复杂化。

在复杂的媒介生态环境下，基于网络的多种新媒体运作特征使媒体、受众与广告主的关注点发生了转变，进而影响了新闻的生产模式和媒体运作逻辑。第 48 次《中国互联网络发展状况统计报告》显示，截至 2021 年 6 月，我国网民规模达到 约 10.11 亿，其中城镇网民规模为 7.14 亿，农村网民规模达 2.97 亿，农村地区互联网普及率为 59.2%，较 2020 年 12 月提升了 3.3 个百分点，城乡互联网普及率缩小至 19.1 个百分点。此外，我国 5G 商用发展处于领先地位，2021 年 6 月，我国手机网民规模为 10.07 亿，使用手机上网的比例为 99.6%，5G 手机终端连接数量达 3.65 亿，网络新闻用户规模为 7.6 亿，较 2020 年 12 月新增用户 1,712 万，占网民总数比例的 75.2%（见图 4.1、图 4.2、图 4.3）。

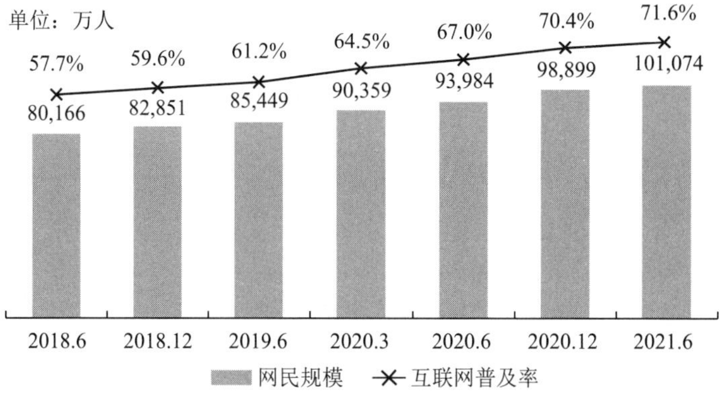

图 4.1　网民规模和互联网普及率

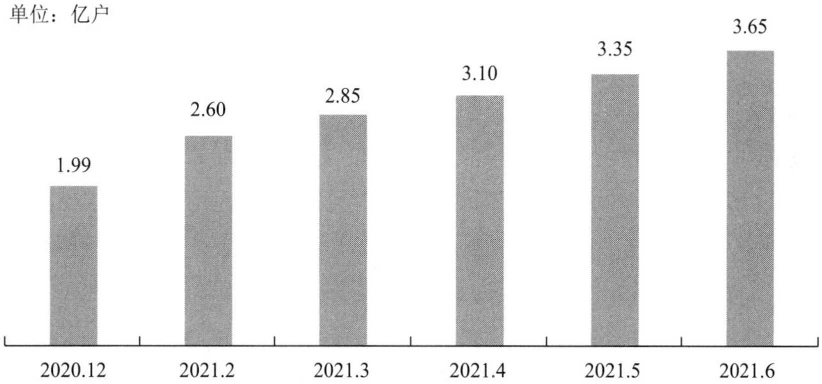

图 4.2　5G 手机终端连接数量

图 4.3　网络新闻用户规模

技术的革新、网络平台的建立、多元媒体形态并存等发展状态促进了公众的信息传输方式上的扩展，受众在容量和时间上对信息的要求增加，公众从关注传统媒体转向关注网络环境下的新媒体，导致广告投放发生相应转向，广告主的广告投放同样从传统媒体转向新媒体。而传统纸媒和广电媒体市场则持续式微，业务和广告运营状况不断下滑。虽然，2019 年中国传媒产业增速放缓，报刊市场下降速度减缓，但广播、电视的广告收入，报刊收入依然持续下滑，互联网相关产业继续保持增长优势。技术赋能下，网络广告将继续保持增长态势，社交媒体和视频媒体则将被分配到更多的数字营销预算。正如尼克·库尔德利所说的：广告收入正转向网络，受众习惯的变化可能引起商务感知的变化，受众改变了媒体的收益基础。《2021 中国传媒产业发展报告》反映出，2020 年传媒产业发展受新冠肺炎疫情的影响，一些报刊停止了部分时间段的传统发行。广播、电视尽管依旧占据着一定的传播份额，但在新闻资讯类信息传播中，它们的影响力已经明显减弱。主流媒体中传统生产模式加速退场，融合模式发展的步伐加快。从传媒产业的发展来看，数字化是一个不可阻挡的趋势。“5G+ 人工智能 + 区块链”将成为社会信息系统新的基础性建设，传媒产业进入一个新的发展阶段。有学者认为，未来一段时间内，新兴数字传媒产品市场规模不断扩大，传统传媒产品加快了数字化转型和探索；人工智能、算法使得传媒产品可以精准匹配受众，传媒产品日趋个性化。在这样的走势下，以用户和用户关系为主的理念取代了传统媒体的受众理念，所有运营都围绕用户进行，成为新闻生产以及媒体运营的产业逻辑的基点。用户传输手段和需求的改变以及广告主投放倾向的变化，使传统媒体的思想理念、传播方式和运作机制受到了严峻挑战，在此情势下，传统媒体需要加紧转型和融合的进程，而在这个过程中，传统媒体受用户习惯、新媒体技术、运作方式和理念的影响，商业意识更加强烈。

在商业模式转型中，对商业利益的追求和社会责任的履行之间极易产生价值冲突。在经济利益的驱使下，新闻媒体和新闻工作者容易过度看中经济利益而忽略自身应该承担的社会责任。如今的移动互联技术，使新闻业越来越不具备独立形成商业闭环的产业模式，传统的线性产业链也逐步扩展为以用户为中心的网状产业生态模式。在制作、传播和接收新闻的过程中，产业和市场资源之间产生了更为复杂的连接和整合。经济利益与社会责任之间的矛盾常常使新闻工作者陷入选择的困境。① 这也从侧面说明了新闻工作者容易受市场影响而做出责任缺失的行为。

二、媒体传播形态变化

人们通过发明或革新新闻生产技术来满足不断增长的信息需求，而技术的更新则会带动新闻生产过程中手段、方式、呈现形式以及传播方式等各方面的更新，这些革新会进一步促进人的交往需求的提升，他们渴求更好的技术继续满足他们新的需求。

---

① 陈力丹，刘宁洁 . 一桩典型的“传媒假事件”——论“杨丽娟追星事件”报道中传媒的道德责任［J］. 新闻界，2007（2）：3-6.

印刷技术带来了以印刷的形式传播的新闻，提高了新闻的生产和传播效率，推动了大众传播的形成与发展；广播、电视技术的诞生则促进了广电新闻业的繁盛，进一步拓宽了人们信息交流在时间和空间上的界限。而以互联网技术为依托的新兴媒体技术不仅促进了新闻形式和传播方式的发展，同时还推动了媒介格局发生颠覆性转变，当下的传播形式中最突出的状态是传媒的各领域都呈现出“视频化”和“直播化”的趋势，媒体传播模式的多元化导致主流媒体在资源和市场上不占有绝对优势。相较于过去传统媒体对大众市场的把控，当下不同类型的新兴媒体传播形式满足着分众化的市场需求，新媒体产业不仅抢占了传统主流媒体的市场份额，还迅速拓展了公众的舆论表达空间，致使民间舆论场显现出更大的话语力量，两个舆论场之间的竞争与冲突逐渐凸显。

新媒体平台推动下的民间舆论场对官方舆论场产生了干扰，在一定程度上分化了传统主流媒体的话语空间。在传统媒体兴盛时期，我国的媒体资源主要集中于主流专业媒体手中，官方舆论场在话语空间中占有重要地位，民间舆论场虽然也发出了多种声音，但并未对主流舆论场造成太大的影响和冲击。但随着以互联网为基础的新媒体形式不断出现，我国的传播格局发生了改变。尤其是在近 10 年的时间里，新媒体逐步渗透和延伸到社会生活的各个方面。就信息传播而言，人、平台和环境之间相互融合，形成了更为交错的关联。媒体技术的互动性、参与性，传播渠道的多样性，传播的海量存储性与即时性等特点，降低了一般受众使用媒体资源的门槛，打破了传统媒体的信息垄断和反馈滞后局限，迎合了受众的喜好和习惯。特别是社交媒体在新闻传播中的互动功能，极大地拓展了受众的交往空间，形成了无社交不新闻的趋势，一些自媒体平台的新闻互动十分活跃，能迅速将一般信息炒成热点，民间舆论场瓜分了人们对官方舆论场的关注。尤其是涉及重大事件、突发事件或公共事件时，公众较之官方媒体能更加快捷地发布信息，有时在网络意见领袖的引导下能迅速制造舆论热点抢走官方舆论场的先机，率先占据话语空间。

当然，新媒体所提供的广泛、便捷的舆论互动平台，使民间舆论场变得更为多元，线上与线下形成了更为复杂的舆论场域，主体成分的复杂性导致民间舆论场中的信息庞杂，在把关缺失的情况下，民间舆论场容易出现秩序混乱的状况。官方舆论场与民间舆论场在价值观上的冲突、对话语权的争夺，使主流媒体话语空间在一定程度上被分化，官方舆论场的话语权、议程设置力和影响力不断被挑战，引导舆论的难度日益增大。主流媒体及其新闻工作者需要思考，如何稳定和提升主流媒体的引导地位，提高其传播力、引导力、影响力和公信力。

三、媒体运营模式转型

在人类传播的演进过程中，技术变革造就了各时代独具特色的新闻的生产、传播方式。人类传播的发展经历了信号符号时代、口语时代、文字时代、印刷时代、电子时代、网络与新媒体时代，以及智媒时代。在不同阶段的媒体发展过程中，媒介技术从文字印刷技术、电子技术、网络技术、新媒体技术到智能技术，在逐步完善与革新。技术作为媒介生态环境系统中最为活跃的主导因素，推动着整体环境的演变。人类社会中新生事物的产生往往缘于技术更新，一方面新生事物实现着技术对社会的价值，作为“人的延伸”推动社会进步；另一方面技术也推动了经济价值的实现，每种技术的革新都会带动新的经济增长点。

在新的媒介环境背景下，基于互联移动技术发展起来的新媒体，推动了媒介生态环境在结构上的革命性改变。传统媒体在各种新媒体形式和平台的冲击下，话语权格局被颠覆，传统主流媒体不得不思考如何面对因这些变化产生的困境与挑战，应答媒体转型中自身的机遇与发展问题。在以网络为依托的媒体不断壮大、网络经济迅猛发展以及新兴媒体运作模式兴盛的形势下，传统主流媒体需要推动其产业和技术加速调整，逐步形成新业态，媒体融合是传统主流媒体转型的必然趋向。一方面，传统媒体为应对市场竞争，逐步实施政企分开的管理制度，改善现有经营管理模式。但我国传统媒体体制运行多年，在短时间内不可能产生急速的转变效果。另一方面，传统媒体尝试以合作、参股、收购等方式与民营资本形成混合式运营模式，从而开拓出新的产业趋向和产业布局。例如，2015 年，阿里巴巴以 12 亿元入股《第一财经》，获得其 30% 的股权，同年 10 月，阿里巴巴又与四川日报报业集团的华西都市报社合作成立“封面传媒”；今日头条和湖北省新闻出版广电总局签署战略合作框架协议，湖北省 200 多家报纸、400 多家杂志入驻今日头条“头条号”平台。① 各类媒体机构的融合，推动着媒体行业的重组，挖掘出了媒体新闻传播的新能量，催生了媒体运营的新形态。② 如今，大数据、智能技术、虚拟现实技术等构成了媒体新闻生产的资源和工具。新兴媒体凭借渠道、数据和用户优势与传统媒体合作进行跨媒体运营和资源共享，这使原有的相对隔绝和封闭的传统媒体产业生态，在互联网的作用下，实现了智能化新闻生产、个性化投放以及电子支付技术升级，媒体内部形成了智能化经营模式。新兴媒体与外部系统也不断进行着物质、能量和信息的交换，形成多主体、多媒介渠道融

① 李良荣，袁鸣徽 . 中国新闻传媒业的新生态、新业态［J］. 新闻大学，2017（3）：1–7.
② 高钢 . 媒介融合趋势下传媒社会责任的实现路径［J］. 新闻战线，2020（1 下）：75–76.

合的新闻生产、发布与传播态势。主流媒体需要与新媒体机构、技术研发机构、传媒投资机构在内容、渠道、技术和资本等方面形成优势的资源配置，构建共同的经济生态环境。从某种意义上讲，媒体运营的转型是对传统新闻生产方式的重塑。在5G技术的推动下，媒体产业变革将会登上更高的阶层，人工智能也将继续成为媒体产业变革的重要驱动力，媒体深度融合发展仍然是传媒发展的主旋律。

在全面推进媒体融合发展的过程中，媒体的运营方式和经营模式也处于不断探索阶段，但从整体趋势上看，媒体的盈利、广告收入和生产的内容之间的黏合度在一定程度上有所加强。如今，主流媒体不仅要通过传统的广告营利，还要与企业合作，进一步开拓市场，追求利益的目的被进一步强化。如果完全以自发方式使新闻传播走向市场化管理，可能会导致新闻市场的恶性竞争，媒体社会责任的底线亦会不断被商业利益侵蚀，经济利益至上的思想必然会对公共利益产生影响。经济利益与公共利益失衡，容易引发诸如新闻低俗化、新闻炒作、弄虚作假、新闻煽情等社会责任失范现象；而网络技术会进一步扩大这些失范现象的影响范围，主流新闻媒体的公信力会被严重拉低。崔保国教授在论述有关未来传媒产业发展的问题时指出，新闻、传媒要做根本的改变，一方面要从理念上改变，对新闻有新的理解，另一方面要有现代化的产业发展模式和治理模式，但同时，他又强调了一个坚守，那就是不要忘记社会责任。如何在借助新技术和新商业运营模式的背景下，以优质的新闻产品引导社会价值、更好地履行社会责任，推进社会发展，是未来主流媒体以及新闻从业者需要思考的关键问题。

第二节　社会文化价值多元化

文化是人类全部精神活动及其产品，是一种社会的精神力量，它包含着价值观念和道德体系两个关键内核。文化的传承、创造与发展都在人类全部的精神活动及活动产品中得到了具体体现。文化环境裂变会导致道德价值标准的分化和价值观念内涵的异化。我国以社会主义市场经济体制为基础形成了当代社会价值观。由于经济主体以及经济利益的多元化，人们在不同条件下在价值判断和责任选择上会不同，进而会在利益和道德责任选择上产生矛盾心理。另外，改革开放政策的推出和全球化发展进程的推进，以及以网络为基础的新兴媒体的发展，促使我国本国文化与世界文化产生了更多交集。不同国家、地域和民族之间的文化碰撞影响着原有文化的“惰性”状态，多种文化在同一空间相互交流和碰撞，促进了多元文化的形成和发展，也使包含在其中的各种价值观和道德理念产生了交融或冲突。社会文化水平的高低决定着社会职业精神和责任意识的程度。因此，社会整体文化生态环境的提升能够推动新闻工作者职业责任意识和公共责任意识的提升，反之，则会导致新闻工作者责任意识缺失。

一、伦理价值标准分化

第一，文化的多元性特点映射在道德层面，致使伦理道德价值呈现出与文化相同的特点，而这种多元性则会导致伦理道德评价标准的不一致。当多种道德标准各持其合理性时，就会造成个体在面对伦理道德选择时含糊不清，失范、失责现象出现也就在所难免。就新闻工作者而言，一方面，对“责任”的多元理解消解了责任内涵的一致性。多元化的社会道德观念导致人们对社会责任各有见解，理解过于宽泛。因此，新闻工作者在具体实践中难以判断社会责任的履行程度与标准，对社会责任理解的模糊正是源于伦理价值标准的分化。另一方面，社会文化中反映着整体的社会伦理价值，作为社会成员的个体在价值的建构和理解上往往体现和遵循着社会普遍的价值理念。而以社会分工为基础形成职业身份的个体，其职业意识和道德规范的源泉同样是社会文化，社会文化通过形成职业道德要求和行为规范体系，使人们认识到职业角色在社会分工中的特定地位，以及与该角色相对应的权利与义务关系，进而使人们形成特定的职业意识。从价值根源上看，职业道德规范与社会伦理道德之间既有重叠又有区别，有时也会产生矛盾。例如，人文关怀与新闻价值的矛盾。新闻工作者作为专业的传播者，在新闻实践中需要重视对新闻价值的追求，但作为社会成员又时常受到“良心”的拷问。新闻工作者在新闻生产过程中，是否尊重人的尊严和价值、是否对社会和大众抱负责的态度，直接决定着新闻作品的人文精神含量。重大新闻，特别是涉及一些突发性公共事件或是弱势群体的新闻，都具有较高的新闻价值，容易成为被关注的焦点。但在新闻采访过程中，不少新闻工作者专注于对新闻价值本身的挖掘而忽略了对受害人或者弱势群体的人文关怀，甚至有些新闻工作者还表现出对采访对象的漠不关心或歧视。在这样的情况下，新闻工作者不易触及采访对象的真实状态，所做出的新闻报道亦无法展现采访对象的真实状态。不同层面上价值理念的交织，使新闻工作者在实际工作中容易产生价值标准上的迷茫与混乱，在面对职业意识与社会责任的价值判断时可能不知所措。

第二，利益多元条件下的价值冲突导致新闻工作者在不同价值标准下出现选择困难。责任冲突从根本上讲是道德选择问题造成的。新闻工作者的责任冲突根源于利益冲突，责任冲突从实质上讲是价值观念的冲突。[①]利益需求是个体行为的根本目的和责任行为的内在动力，因此，与利益相连的行为往往也需要承担相应的责任。[②]不同的利益条件下新闻工作者会产生对责任选择的不同观点。在面对利益冲突必须要权衡如何履行责任的时候，新闻工作者就容易产生矛盾心理。例如，新闻跟风与社会引导的冲突。市场竞争和消费主义导致跟风报道现象日益增多，有些新闻工作者为追求数量、经济利益和吸引受众，过度依赖网络搜集素材，对其进行简单整理归纳后重新发表，不考量新闻有无价值，不考虑对社会舆论的影响，其背后所反映出来的正是新闻工作者社会责任缺失。新闻媒体和新闻工作者需要在制作高媒体销售指标、高关注度的新闻与制作低关注度、低吸引力但有益于社会公共利益的新闻之间选择，容易在追求经济利益的过程中忽略自身的社会责任立场和职业道德。又如，有偿新闻与公平正义的冲突。有偿新闻是个体或组织利用新闻传播权利来获取经济利益的一种手段。为获得私人利益，有的新闻媒体及新闻工作者将他人利益和社会利益抛之脑后，遮蔽负面报道，宣扬报道对象想要的良好形象，损害了新闻的客观性、公正性，破坏了新闻媒体的公信力。当新闻工作者在具体实践中有不同的利益需求时，不同的标准也会相互碰撞。“做或不做什么”“以什么身份去做”等问题会困扰个体。由于新闻工作者总与新闻生产、传播中的具体环节和要素打交道，因此，其时常有多种价值选择和利益选择上的困扰，在权衡应该恪守哪种价值标准才最具合理性方面，新闻工作者有时会很迷茫。如果没有核心价值理念、良好的职业道德规范和自律精神，在面对利益冲突时，新闻工作者的选择就容易产生偏向，因此，需要防止其在各种利益诱惑中将社会公共利益边缘化的可能。

第三，国际文化多元性与伦理价值单一性的矛盾，也会给新闻工作者的价值判断带来困扰。在全球化背景下，信息的互通与交流更加频繁，与传统意义上提升国家政治、经济地位，增强国际竞争力等传播要求相比，20 世纪 90 年代兴起的建构主义理论更强调观念、文化上的建构对各国关系和利益的积极作用，而文化中体现着价值，实现良好的文化交流需要做到价值共通。新闻传播工作在增进国际交流上扮演着重要角色，但全球性的文化交流使新闻媒体和新闻工作者面临国际上多元文化的冲突。不同国家和地区的文化受到地域、历史、民族等方面的影响，形成了不同的文化内涵和价值理念，由此也就产生了不同的伦理道德价值标准。在对国际性事件进行报道的过程中，区域性新闻媒体和新闻工作者受到其所在领域伦理价值的影响，对信息的解读和

① 谢军．责任论［M］．上海：上海世纪出版集团，2007：162.
② 贺琛．新闻传播者的道德责任研究［M］．西安：西安交通大学出版社，2016：182.

分析往往带有价值倾向。然而，在全球化进程中，世界各国的联系越来越紧密，尤其是在当下媒介发展兴盛的时代，信息可以从任何地方输入，也可以输出到任何地方，跨地域的信息流动已然成为理所当然。因此，从全球化语境考量文化和价值的表达也就成为一种必要，新闻工作者在进行新闻报道，特别是报道涉及全球性问题的新闻时，除了要考量和对应本区域的伦理价值要求以外，还应考虑从全球化的视角来解读和分析相关新闻事件和问题，以实现国际认同，促进国际关系的良性发展。

要实现新闻工作者在全球视野下的价值判断，最关键的还在于建构全球化的伦理标准。世界各国也有许多学者在探讨这一问题。比如，吉莉安·布洛克从世界主义的视角阐述了每个个体不论其身份地位与社会关系如何，都应具有相同的道德价值的观点。个体作为世界公民，有责任促进人类总体意义上的提升与发展。世界共同体的形成不是依靠物质性或功能性的关系，而是应该依靠精神性与伦理性的关系，如果不能在基本的伦理标准问题上达成共识，那么全球伦理便会成为空谈。全球化的发展对新闻工作者的职业身份和其与世界人民之间的关系产生了更加深远的影响，新闻工作者需要在全球的信息化和跨文化交流中界定自身的职业定位以及与他人的关系。斯蒂芬·J. A. 沃德（Stephen J. A. Ward）认为，要以全球视野看待新闻工作者的社会责任，新闻工作者的社会责任应当包括以下几个原则：第一，应用全球视野解读新闻问题和事件，拒绝以种族中心主义、极端爱国主义和党派偏见的狭隘视角进行歪曲报道；第二，在全球化的语境下重新阐释新闻界、新闻媒体的道德角色；第三，对于已经存在的新闻工作原则进行重新解读；第四，在必要时，建构新的原则作为全球新闻界可评估的准则。[①] 从这些原则要求可以看出，新闻工作者要具备全球视野，需要打破种族、地域和党派的界限以对国际问题进行客观中立的解读，需要形成和遵循世界各国都能认同的媒介伦理道德价值观念，以此作为统一的价值评价和判断标准，为他们进行职业定位和处理他者关系提供依据。因此，对于新闻工作者而言，如果其新闻实践影响到全球成员，就必然需要以最为基本的伦理共识来对世界范围内的人类共同利益负责。尼克·库尔德利认为，应该按照最小规范性的原则来探索媒介伦理，他提出准确、诚信和谨慎三个原则。他认为，准确是要求新闻工作者和其他任何人公开传递准确的信息，而且这种对准确的保证不能是侥幸的，而是需要人付出努力，并运用必要资源来实现的。这就要求新闻工作者本身具有诚信的美德。诚信是一切背景检查和反思，是对真相的承诺。谨慎就是不仅要关心言论传播所产生的直接后果，也需要关心随后产

---

① WARD A J S. Philosophical foundations for global journalism ethics［J］. Journal of mass media mthics：exploring questions of media morality，2005（20）：1.

生的结果。在基于媒介连接起来的全球一体结构中，把形象和文本输入媒介流的人都要小心谨慎，以避免世界危机的加重。尼克·库尔德利对三种美德的阐释都是站在国际化的共同传播空间来考量，并进一步分析媒介与社会及世界的关系，这有益于全球媒介伦理共识的建立。克利福德·克里斯琴斯提倡将真实、人类尊严和非暴力作为全球媒介伦理的首要准则，以此去判断和认识新闻工作中诸如抄袭、报道煽情、遮蔽真相、恶意炒作、新闻敲诈、暴力化报道等问题，促进新闻工作者深入理解职业伦理价值以及找到正确的处理伦理价值分歧的方法和路径。他提出全球媒介伦理需要"原生规范"，认为："'原生'意味着内在、基底，是伦理的推理基础。在思想史上，原生规范指的是'前理论信仰'或者是'第一准则'，是关乎人类存在的信仰，是伦理系统建立的基础。"① "原生规范"不抹杀跨文化的伦理，而是一种人文主义的普适准则，克里斯琴斯认为我国儒家平等、和谐的思想与"原生规范"有相同的价值，即一种普遍意义上的伦理准则。克里斯琴斯并未将媒介伦理限制在理论的范畴内，而是强调与具体新闻职业实践中的伦理问题相结合，形成理论性伦理与描述性伦理的互动和融合，以此指导具体新闻实践的同时又从实践中获得理论上的启发，在双向互动中不断修正和调节普适准则与本土实践的冲突。我国"人类命运共同体"所包含的价值理念不仅与全球媒介伦理的理念有一定相通之处，而且从整个人类群体来考量世界问题，希望通过融通世界各国不同的价值理念，建立一种能达成全球共识的价值观念，从而在多元化的文化环境和伦理范式下，使新闻传播工作覆盖到全球的责任范畴，以此来实现全人类的共同利益。

二、价值观念内涵异化

多元文化的冲击会导致原有社会中共同价值理念和社会信仰的断裂。亨廷顿认为，世界存在着多种文化，它们相互作用，影响人类的发展，文化共处于一个多元共生的文化生态空间中，不同价值观念、道德意识既有交流与融合，又有碰撞、隔阂甚至是冲突。我国的传统文化理念，体现着推己及人的换位思想，"大同"观点体现出中华文化的包容性。在全球化的发展过程中，跨文化传播曾不断尝试推进多元文化的交流与弥合，然而，"西方中心论"等文化中心主义思维，使得跨文化传播并未脱离以自我利益为考量依据的文化传播特征。在全球化和泛媒介化的发展背景下，传播主体更加

① 甘丽华，克里斯琴斯．全球媒介伦理及技术化时代的挑战——克利福德·克里斯琴斯学术访谈［J］．新闻记者，2015（7）：7.

多元化，传播主体从以前的专业传媒机构变为专业媒体与个人。传播内容也从过去的具有地域局限性的内容，变成现在的来自全球的信息，从而模糊了国际和国内的界限。此外，在技术的催动下信息传播范围不断扩大，一个国家能够通过任何渠道向全球传播任何内容。以网络为基础的传播生态所形成的文化环境体现出更强的自主性、开放性和扩散性。各种文化在网络空间中交杂，使得多元文化内涵中反映出更为多层次和复杂化的价值观念的交织与较量，也给我国主流价值观带来了更为强烈的冲击。

发达国家的强势文化和价值观有向外扩张的野心，发展中国家则努力争取自身文化和价值观的生存和发展空间。外来文化特别是西方发达国家的文化对我国本土文化的影响不容小窥。西方文化有其优势，有不少先进的文化思想，但也不乏一些有别于我国价值观甚至是负面的内容，这些会对我国文化的发展造成危害。另外，西方消费观念中的个人主义和享乐主义价值观不断传入我国，影响着人们的生活方式和对文化的理解，西方文化的渗入在一定程度上造成了我国在文化和价值观阐释上的弱化和被动。多元文化价值处于同一社会文化环境中，这使新闻工作者感到传统的新闻报道内容单调、形式单一，为增强对受众的吸引力，他们报道大量多元化形式和价值的新闻内容，新闻报道从说教姿态转变为迎合姿态。

就新闻工作者而言，多元复杂的文化场域，其优良与否会对新闻工作者履行社会责任产生潜移默化的影响，个体价值的选择往往会受到社会整体环境的制约。拜金主义、享乐主义和西方消费主义等会使人们在价值判断上产生异化，这不但会影响新闻工作者自身职业理想和职业精神的建构，造成他们对工作缺乏动力、消极懈怠，同时还会使他们忽视社会价值和公共利益，远离严肃和神圣的理想和人生意义。过度追求物质利益和无节制的享乐，关注一些去中心、无主题、零碎化、低俗的内容，公众的这种文化倾向会反向影响新闻工作者价值观的确立和判断，由此新闻报道内容容易出现价值失衡和偏差问题，这会进一步加剧娱乐化、煽情化、商品化、快餐化、媚俗化的文化的泛滥，导致受众更加麻木，以及我国主流文化和价值观念不断受到冲击。

综上所述，我国新闻工作者应建立核心的文化价值观以应对复杂的文化环境。我国有悠久的发展历史，具有厚重的文化底蕴和强大的文化包容性，但一些不良的文化理念仍有渗入和影响我国文化价值的势头。特别是在西方文化影响下成长起来的一代中国青年，他们独立的价值体系还未形成，在他们身上传统文化和价值观流失的现象明显。现阶段我国综合实力、竞争力以及影响力不断提升，习近平总书记曾多次表达了对中华优秀传统文化及其价值观的认同，并将“文化自信”纳入“四个自信”，形成重要的指导思想。他指出：“各国各民族都应该虚心学习、积极借鉴别国别民族思想文化的长处和精华，这是增强本国本民族思想文化自尊、自信、自立的重要条件”[①]，“坚定文化自信，是事关国运兴衰、事关文化安全、事关民族精神独立性的大问题”[②]。

面对多元文化，我国新闻工作者需要考虑借助自身的职业地位，加强不同文化之间的沟通与交流，求同存异。从辩证的角度来讲，良好的文化生态环境能反过来影响人的精神建构，有利于新闻工作者道德素养的培养，使其形成积极的价值观念，有助于推动新闻工作者责任意识的提升，反之则会导致新闻工作者责任意识缺失。

第三节　媒体管理措施有待完善

一、外部监管措施相对滞后

新媒体发展迅速的同时也乱象丛生，干扰了舆论空间的秩序。互动性是网络媒体的本体特征，网络媒体很好地弥补了传统媒体反馈滞后的缺陷，公众在信息传输上的参与度也因此提高了。然而，从另一方面来说，新媒体平台方便快捷，进入门槛低，人人都能在网络环境中利用多元化的媒体形态生产信息内容，并能实现多渠道传播，但传统把关过程在网络环境中的弱化致使信息生产的质量难以保证。再者，公众的媒介素养参差不齐，部分用户难以把控自身的道德底线，这导致谣言快速扩散，低俗、媚俗内容层出不穷。片面性信息混淆视听、主观性意见左右舆论偏向、侵犯隐私安全等多种乱象，严重影响公共舆论空间的秩序，众多不良信息的干扰削弱了主流媒体的舆论引导力和影响力。

相关法律的不健全和不规范导致的监管不力，是造成不良信息泛滥和媒体环境恶化的重要原因之一。第一，法律监管相对滞后。与媒体行业的发展势头相比，我国对新媒体平台的法律监管还较为滞后且不够全面。从 20 世纪 90 年代的网络媒体兴起到 21 世纪初博客在我国流行，网络媒体自产内容快速推动网络媒体产业的发展，而近 10 年来，多元化媒体形态快速演变，新媒体平台兴盛起来。虽说已经有例如《网络新闻信息服务管理规定》（2017 年 6 月 1 日开始施行）、《互联网新闻信息服务单位内容管理从业人员管理办法》（2017 年 12 月 1 日开始施行）、《网络信息内容生态治理规定》（2020

---

① 习近平 . 在纪念孔子诞辰 2565 周年国际学术研讨会暨国际儒学联合会第五届会员大会开幕会上的讲话［N］. 光明日报，2014-09-28（8）.

② 本书编写组 . 习近平谈治国理政（第二卷）［M］. 北京：外文出版社，2017：349.

年 3 月 1 日开始施行）等出台，但在时间节点上整体落后于新媒体的发展进阶节点，立法层面也还未能形成完善的法律体系。此外，我国并未有专门的新闻立法，对新闻工作者的权利和失范、失责行为，只能通过其他法律和行政法规中的条款来界定，而且这种界定只能在案件审判时作为法律依据，并没有针对性的法律条文来发挥强制执行力。第二，监管力度不够。目前，我国对自媒体的管制多为行政管制而非法律管制，执法也多以禁止性行为规范为主，引导性规范相对缺乏。我国在自媒体的监管上采取了一些措施，如近几年来，网信办同有关部门多次针对自媒体账号的一系列乱象开展集中清理整治专项行动，已在全网处置了多个自媒体账号。网信办还有重点地约谈了腾讯微信、新浪微博等用户群体庞大且极具影响力的媒体平台，对其乱作为或不作为而造成种种乱象的情况提出严重警告。网络监管部门也力图加大对评论的监管，防止舆论偏离正轨。政府部门类似的整顿和禁令发布了多次，这体现了政府强制干预整顿媒介环境的决心，有利于主流媒体维护和强化官方舆论场的引导力。但相关的管理举措一直针对的是媒介环境中已有问题，我国并未根据媒介环境的发展态势做出合理的法律规定和法律引导，管制上还处于较为被动的状态。

新媒体管制滞后带来的媒介环境混乱问题，反衬出主流媒体发挥社会责任的重要性。主流媒体应以把关人身份，通过新闻工作者对未经核实的信息进行筛查，通过呈现真实、全面、准确的新闻报道来捍卫传统主流媒体的权威性和公信力，用高质量的新闻内容驱赶新媒体环境中各种肤浅、劣质的信息内容，为公众提供优质的新闻信息服务。同时，新闻工作者应该为公众做出表率，引导公众培养良好的媒介素养，净化媒介环境。但一些新闻工作者以网络素材代替一手资料，以速度代替真相，以受众兴趣取代公共利益，这可能与媒体监管不力，未能给新闻工作者营造出足够好的社会责任履行环境有一定关系。

二、内部机制设置不合理

媒体内部机制设置合理是保障我国新闻工作者社会责任履行的基本条件。与媒体环境的突破性变化和发展相比，我国许多传统媒体的绩效和考核制度仍较保守，存在不健全、不完善的问题，这是新闻工作者产生责任失范的又一重要诱因。市场经济环境下，媒体的经营管理必然存在一定风险，传统媒体虽然在商业运营与新闻传播之间筑了一道防火墙，但新闻工作者的收入与组织经营相关联，新闻工作者在具体情况下不可能完全不考虑组织的运营问题。一些新闻工作者可能会为了完成任务、提高收入，一味追求新闻数量上的高产，淡化和忽略对新闻质量的要求，甚至将新闻的真实性、准确性以及深度性等要求都抛诸脑后。有些新闻工作者在新闻选题和新闻内容生产上顾及媒介销售指标的增效，从而增加一些低俗、媚俗的新闻内容而压缩了公共事务、政治事件、弱势群体诉求等新闻题材的报道空间，更有价值的新闻内容被边缘化。媒体如果完全以销售指标作为绩效考核的标准，缺乏对脑力劳动者的尊重，将会抹杀记者工作的积极性，削弱他们对理想的追求，会使他们逐渐丧失对社会负责、为人民服务的意识。

合理的媒体内部机制有助于形成良好的工作氛围，增强新闻工作者的职业归属感和责任感，反之则可能导致新闻工作者社会责任缺失，职业道德失范甚至违规违法行为频发。例如，21 世纪报系经济犯罪案中的涉案人员包括总编沈某、总经理陈某、主编刘某、世纪网总裁刘某、主编周某、广告副总经理莫某、记者王某等，他们大多是媒体里的中上层人员，案件不仅涉及新闻工作者个人而且涉及整个媒体单位。沈某、刘某在案件供述中都提到曾要求旗下记者参与企业的广告合作和洽谈，并将创收作为记者考核指标，没有完成会影响记者的绩效和工资。这种自上而下的失范，致使新闻媒体的整体风气败坏，直接影响新闻工作者的社会责任意识。此外，一些新闻媒体对内部新闻工作者管理松懈，对其采访行为和新闻内容生产没有严格把关，没有在社会责任方面对其进行主动引导和教育，而当其在新闻工作中出现社会责任失范行为时，媒体又不促使其承认、反思、纠正错误和问题，反而帮助其掩盖问题，从某种意义上说，这就助长了新闻工作者社会责任失范行为。陈永洲案在主观上体现出陈永洲自身经不住诱惑、意志薄弱，但从另一个层面上看，陈永洲只是一名普通的财经记者，却能突破层层审核和把关，发表十多篇未经采访和核实，甚至有的都非出自他手的虚假新闻，可见其所在媒体机构内部监管机制和审核环节的缺失以及利益的勾连，这导致一个记者放弃了自己的责任担当和良心。从上述现象和案例来看，媒体的内部机制和指导要求是身处其中的新闻工作者需要遵循和执行的，它们同样会成为新闻工作者的工作依据和行动准则。当这些机制与要求忽略了社会责任，就会无形中推动新闻工作者“作恶”，使其放弃自身对道德的判断或者将不道德行为的缘由推脱给媒体组织以摆脱自身的良心谴责。从这一层面来看，要落实新闻工作者的社会责任，不单需要个体的努力，还需要依靠新闻媒体的组织力量。

本章小结

技术发展推动了我国媒体产业的整体转变，新媒体产业迅速抢占传统媒体产业市场。受众信息传输习惯和方式的改变，吸引广告投入从传统媒体流向新媒体，传统媒体经营压力陡增，这促使传统媒体进行融合转型，尝试更多混合式经营方式。传统媒体在经营压力和融合形势下进行市场竞争，商业利益诱导因素被强化，新闻工作者作为媒体组织成员不可能完全不受影响。同时，媒体传播形式的多元化导致主流媒体话语空间被分化，官方舆论场的引导力和影响力被弱化。在社会文化价值层面，社会整体文化生态环境的提升会迅速推动新闻工作者职业责任和公共责任意识的提升，但伦理道德价值标准以及价值观念内涵上的多元化则给新闻工作者履行其社会责任造成一定困扰。此外，与新媒体技术发展迅猛形成鲜明对比的是媒体监管发展的相对滞后，对新媒体平台的监管还有待进一步完善，这从侧面导致主流媒体新闻工作者出现失责、失范行为；而主流媒体内部管理机制的不合理也是诱发新闻工作者职业倦怠、被动履责甚至触犯道德和法律底线的重要原因之一。

第五章　我国新闻工作者履行社会责任的心理影响因素

第一节　新闻工作者的心理跌宕

一、把关权分化

“把关人”理论是传播学控制分析研究领域中的重要理论之一。传播学四大奠基人之一的库尔特·卢因在研究群体传播时，发现了信息流动中存在着以群体规范或者价值标准为判断依据的“门区”。20世纪50年代，传播学者怀特又将此理念引入新闻传播，发现在大众传播时代，传媒组织以及相关从业者成为实际新闻信息取舍的“把关人”，在很大程度和范围上控制着新闻信息的传播实践。此后，关于把关问题的研究更为丰富和深入，如盖尔顿与鲁奇提出了“选择性把关理论”，墨菲提出了“沉默的看门狗理论”。“把关人”理论表明大众传播时期，传统媒体的信息传播单向性强，专业传播者掌握着信息流动的控制权，对受众的信息接收和理解有重要影响。

然而，在新媒体快速发展、传统媒体信息垄断地位逐渐削弱的过程中，“把关人”地位逐步被边缘化。在传统媒体时期，新闻工作者对信息具有明确的监督与选择权，受众意识只出现在传播的最后反馈环节，且传统媒体的反馈机制还存在滞后的缺陷。但新媒介形式的不断涌现，解构了传统媒体组织的运作逻辑和新闻生产方式，传播渠道增加，时空界限被极大扩展，传受关系边界模糊。网络环境下，信息生产趋于简单化，新闻的采写编发一气呵成，受众广泛参与新闻生产和传播过程，新技术让越来越多的人拥有了一定程度的话语权，新闻工作者对信息资源的控制力逐步弱化。2020年冬春之交，武汉两家主要纸媒《楚天都市报》和《武汉晚报》停止印刷和投送达两个多月，全国各地的纸媒也都长时间停印和停止投送，其间，网上新闻信息传播却空前活跃。这个现象，或将成为一个标志性的现象，纸媒的介质功能将被公众视为可有可无的功能。人们对新媒体技术的依赖导致传统的新闻秩序被打破，基于话语平台“独占”而享有“无冕之王”美称的新闻工作者失去了为新闻奋斗的原有环境。

网络是一种去中心化的互动媒体环境，因此，它导致新闻工作者在传统信息传播模式下的典型传播主体地位被分化。其中，商业媒体平台以及不持有专业资格证的新闻信息从业者是主要的“把关人”分化者。许多网络用户尤其是伴随着网络环境的建立和发展而成长起来的年轻群体逐步习惯利用网络获取信息，不再过多依赖传统媒体。网络商业媒体平台从20世纪90年代末开始，就设有新闻板块，并一直为网民大规模提供新闻类的信息服务。我国的商业媒体平台，只获得了新闻的发布权而并未获得采访权，商业媒体平台主要从主流媒体获取新闻资源，所以这些平台更看重编辑力量而弱化记者队伍。此外，商业媒体平台不同于传统媒体，它们更注重从用户需求角度做新闻价值的判断和新闻信息的选择，这种思维在一定程度上意味着把信息的选择权交给了网络用户，更多迎合用户的兴趣和喜好，而传统新闻媒体及其新闻工作者主要从专业角度和社会公共利益角度来筛选新闻信息。

非专业的“市民记者”是以网络为基础的媒体平台中新闻信息生产和传播的典型力量。丁迈等人在《广播电视新闻从业者调查报告》中说道：“中国新闻工作者近年来在自身所从事的职业的实践中明显感觉到，影响新闻报道的诸多因素中最强的来自‘社交媒体中的信息’、‘突发事件报道的时效性’和‘用户生成内容’。”市民记者本是传统意义上的“受众”，而现在却活跃于各种平台，成为信息的提供者甚至是创造者和发布者。新闻生产从专项、封闭走向了分享与开放，媒体制作技术的发展使传统媒体的垄断性权利被分散到市民记者手中。市民记者作为社会个体，主动以传播者的身份进行新闻实践，职业记者与非职业的市民记者之间的技术障碍被打破。有时市民记者能与专业新闻工作者合作以达到更好的宣传效果，但有时双方也会在信息报道上出现对抗和解构，这便会引发信息冲突和传播混乱。而专业新闻媒体组织的运作机制、职业准则和伦理规范对这些非专业的新闻信息发布者不起多大作用。媒体机构在某种程度上像一家工厂，通过一整套流程来保证产品的合格率，而个人作坊或许会偶尔产出非常优秀的作品，但也可能流出残次品，更难保证稳定产出。市民记者由于缺乏系统的理论学习和专业训练，在新闻生产与发布过程中，极有可能缺乏客观性、理性和自律性，极易发布误导性新闻和虚假新闻。而专业新闻工作者持续式微，无法发挥自身的权威优势，无法抑制这些不良现象的产生，也很难把控影响的辐射范围。

二、“失真”信息扩散的隐患

从信息扩散角度来看，要坚守新闻真实性非常艰难。多元的新型媒体形式为公众提供了更为广泛的公共交流空间和渠道，但也正因如此，真正有价值的信息被湮没在各种声音之中。网络技术的匿名性、虚拟性等特征，将人从现实生活中暂时抽离出来，虚拟环境弱化了社会现实中显性的规范限制，人们身在其中便容易降低自身的道德标准和责任意识，这为虚假新闻和谣言的生成与传播提供了条件，无论是网络参与主体还是客观环境都易使信息“失真”。人们通过社交媒体对新闻信息进行生产、加工、分享、评论、转发、点赞等操作，新闻内容迅速扩散和发酵，刺激人们不断生产和散布各种衍生信息。这些信息在网络环境中形成病毒式传播态势，导致公众陷入“雾里看花”的境地，很难辨别事实真相。更让人焦虑的是，对新闻真实性的坚守在此环境中显得更为艰难。真实性是新闻工作最首要和最核心的原则，是新闻的生命，保证新闻要素符合和贴近客观事实是对新闻工作者最基本的责任要求。近些年来，一些新闻工作者受到网络环境的影响，降低了对新闻内容质量的要求。哈钦斯在《一个自由而负责任的新闻界》中，对新闻工作者履行社会责任所提出的第一项要求就是报道要准确，着重强调了在新闻生产环节中对新闻来源准确性和权威性的把控，强调要重视第一手资料。然而，当下有些新闻工作者降低了对自身的专业要求，利用网络的便利，不去现场采访，坐在家中闭门造车；还有些记者不仅没有发挥自己的把关功能，还省略了信源的求证过程，在没有核实新闻信息真实性和准确性的情况下，把相关信息以新闻的形式发布到个人平台或专业媒体平台，使虚假内容冒充权威新闻被传播。这一方面会损害专业媒体的公信力，削弱公众对媒体的依赖和信任，降低受众对媒体的关注度；另一方面，权威化的虚假信息也会对公众产生错误引导，不利于媒体正确导向责任的实现，这样的危害远比谣言更加可怕。《2018 年媒体人调查报告》显示，有高达 37.68% 的媒体人认为自己的时间花在了扒素材，找选题上；24.64% 的媒体人认为时间花在了采写文章、拍摄与剪辑视频上。在把关功能弱化的情况下，新闻工作者将大量时间用在网络搜索上，在新闻生产、新闻信息源的利用与核实等方面的严谨意识有所松懈。在网络裂变式、扩散式传播的情况下，新闻失实的影响远远大过传统媒体时期。虽然网络信息传播渠道的多样化使信息垄断局面被打破，信息不对称现象得到缓解，但无形中对新闻事实的把握和鉴别难度也增加了。如果专业新闻工作者的底线意识和识别能力稍微弱一点儿，就很容易通过网络生产和传播失实的新闻，甚至是完全虚假的新闻。

第二节　新闻工作者的心理失衡

随着媒体产业结构、运行机制的转变，新闻工作者的经济压力逐渐增大，职业优势逐步被消解。在媒体产业结构问题上，经济的发展状态对媒体发展起着决定性作用。媒体竞争使职业压力凸显，社会地位与经济收入不符造成的新闻工作者的心理失衡，将成为失范、失责行为产生的主要诱因之一。

一、媒体竞争压力与职业认同下降

媒体行业竞争导致的经济压力削弱着新闻工作者在新闻实践活动中原已脆弱的自主性。虽然很多新闻工作者有意识地去抵制，但往往力不从心。当媒体自身的经营压力转嫁到新闻工作者身上时，收入的压力和职业期待的走低，使新闻工作者出现心理焦虑和职业倦怠。

（一）经济压力

收入和待遇直接表征了新闻工作者受到的经济压力。丁迈等人在所做的《全国广播电视新闻从业者调查报告》中称，记者群体面临的经济方面的压力竟意外超过了政治方面的压力。调查显示，48.4% 的省会级媒体记者在日常新闻实践中感受到了来自媒体市场部门的压力，也有 43% 和 32.9% 的地市级、直辖市级媒体记者感受到了这种压力，只有国家级媒体记者在这方面的压力相对较小，只有 16.9% 的记者感到了这种压力。可见，比起拥有较多资源的国家级媒体，其他各级媒体的记者面临着市场经营的严峻挑战。[①] 经济压力成为新闻工作者面临的显著问题。

与媒体的快速发展相比，新闻工作者的职业待遇并未得到相应提升。20 世纪 90 年代，我国新闻记者的社会地位和收入待遇普遍较高。在当时的公众眼中，记者是令人羡慕的职业，是社会良心和正义的化身，很多记者都以自己的职业为荣。在待遇方面，当时记者的收入相较于社会其他职业属于中上等水平。有一位原《南方周末》的记者曾这样描述：20 世纪 90 年代报社发工资，这个月的钱刚发下来还没来得及存银行，下

① 刘昶，陈文沁．当代中国记者群体［M］．北京：中国广播影视出版社，2018：65.

个月的又来了。2000 年左右，虽然记者的收入开始走下坡路，但一个高级记者一个月大概也能拿到 1 万以上的薪水。一位 2011 年进入《南方周末》的记者感叹：以前记者的工资高，没有生活压力，社会地位也高，到哪儿都受人尊敬，他们可以更纯粹地做新闻。而《2016 中国记者职业生存状态与工作习惯调查报告》显示，从全国范围内职业记者整体收入来看，80.6% 的中国职业记者月薪在 1 万元以下，其中 32.2% 的记者月薪在 5,000 元以下。从年龄层与从业时间来看，31—50 岁的受访者中月薪在 2 万元以上的占比低于 5%，从业 3—5 年的记者月薪大多在 1 万元以下，工作不超过 2 年的记者月薪则在 2,001—5,000 元这个范围。仅有三成记者对目前的工作表示满意。传统媒体的获利能力减弱进而造成对新闻工作者的供养不足，在以职业社会学为理论基础所做的新闻工作者访谈中，有不少被访者是因为收入原因而选择的“跳槽”。八成收入在 5,000 元以下的受访者表示对目前的工作不满意，随着收入的增长，职业满意度则有较大幅度提升。[①] 2017 年，记者薪酬和工作满意度并没有明显提升，月收入超过 2 万元的记者的比例仅为 3.3%。媒体内容生产者目前的工作满意度较之过去一年并未有所提高。[②] 从年龄层与从业时间来看，记者收入并未因从业时间与年龄的增长有显著提升。《2018 年媒体人调查报告》显示，媒体人收入在 5,000—10,000 元的占大多数，占比 40.58%，收入在 20,000—50,000 元的占比 7.73%，收入在 50,000 元以上的，只占 3.38%（见图 5.1）。

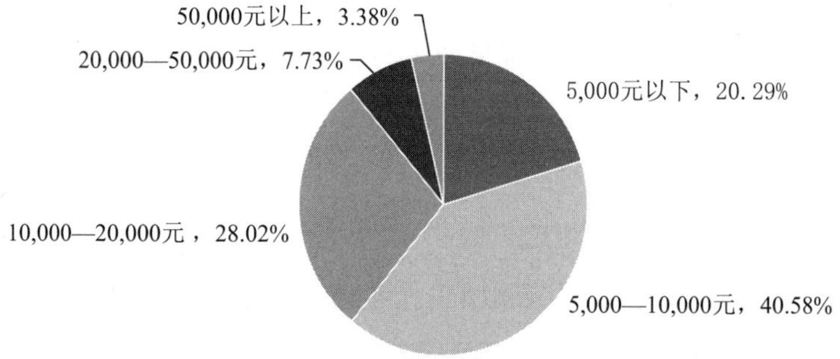

图 5.1　每月在媒体的收入状况

近几年来，随着媒介生态的变化和媒体产业的转型，社会对新闻工作者的职业要求和职业期待不断提高，但其收入并未有相应的提升，这是导致新闻工作者职业满意度不高和工作动力不足的一个重要因素。工作积极性下降可能引发新闻工作者的职业

① 美通社 .2016 中国记者职业生存状态与工作习惯调查报告 .［EB/OL］.（2016-01-28）［2021-11-10］.http：//www.199it.com/archives/434948.html.

② 美通社 . 2017 中国媒体内容生产者职业发展状态与工作习惯 .［EB/OL］.（2017-07-11）［2021-12-01］.http：//www.360doc.com/content/17/0711/14/37788672_670556324.shtml.

不作为或少作为，影响其社会责任的履行效果，甚至成为其产生道德失范行为的诱因。

（二）职业期待持续走低

新闻工作高期待与低报酬之间的矛盾是导致新闻工作者出现职业倦怠和社会责任意识缺失的一个显著因素，容易造成新闻工作者的心理失衡。新闻工作者的职业期待源于对职业的认同，它是体现从业者职业身份、职业价值和自我确证的概念，它是从业者职业认知、情感、动机、期待、意志、价值观、满意度和忠诚度等各方面要素综合构建下的职业心理状态。从从业者的自我发展来说，职业认同涉及反映现实自我和自我价值实现的问题；从社会适应性上来说，它涉及从业者的职业存在感、职业价值和职业方向等方面的问题。职业认同是个体对其职业及职业角色的积极认知、体验和行为倾向的认同，是个体对自我价值、职业定位与职业身份的探寻，是自我认同与社会认同的综合体。[①]它影响着从业者对职业的期待，而职业期待是从业者选择该职业的动因和希望达到的职业目标。职业认同值低，往往从业者对职业的满意度和对职业理想的追求意愿也会降低。《2018年媒体人调查报告》显示，参与调查的媒体人有94.21%的人深感焦虑，超过五分之四的媒体人表示自己很缺钱；有半数媒体人表示自己缺乏职业成就感；46.86%的媒体人表示工作缺乏升职空间（见图5.2）。媒体人对待遇的不满是他们想要离职的首要原因。另外，传统媒体的边缘化问题以及舆论环境不佳无法实现理想等也是主要的影响因素。新闻工作者的职业成就感低、职业兴趣萎缩、职业期望走低，都与职业认同问题有密切关联。职业认同危机带来心理失衡，新闻工作者在没有价值感和目标的情况下容易产生心理焦虑，在职业意识和职业感情上持续处于低迷状态，失去了积极上进的热情，无力克服困难或抵御诱惑，长此以往，不利于新闻工作者社会责任的履行。

媒介生态环境的改变给新闻工作者的生存环境带来巨大冲击，新闻工作者对新闻理想的追求被现实生活碾压，部分新闻工作者失去了原有的职业目标以及发展方向，心灵不再有依托，在新闻工作中以市场代替信念、以感觉代替分析、以情绪代替理性。功利思想在潜移默化中影响了新闻工作者的职业精神和道德理念，从而使其价值观发生扭曲，造成其严重的责任意识和道德意识缺失。

---

① 张兰，陈信凌.新闻工作者职业认同问卷的开发与编制［J］.心理学探新，2020（11）：458-464.

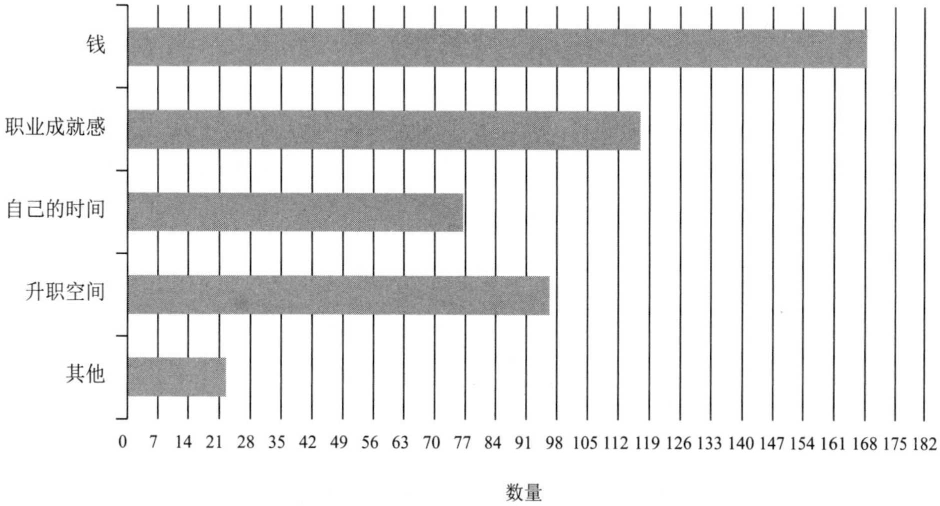

图 5.2　“媒体人最缺什么”的调查

二、职业优势下降与职业倦怠上升

过去在传统新闻媒体占据主导地位时期，传受双方的信息不对称性较为明显，因此，新闻工作者作为传播主体只要把握对新闻信息的控制力和垄断性，就足以在信息传播过程中体现职业优势。然而，随着媒介生态环境发生变化，公众高度参与信息的生产与传输过程，而专业新闻工作者只是提供和传递一般性的事实，已经不足以满足公众对信息的需求，甚至有些时候，公众提供的信息优于记者提供的。因此，新闻工作者需要向公众展示全面、细致、精准、有深度，对个人与社会进步有启迪作用的真相，以起到积极的导向作用。

从职业要求上来看，新闻工作者深层次、准确、全面地挖掘新闻内容，才能满足社会大众的需求。然而，现实并非如此，当下新闻工作者的专业性在新的媒介环境中常常受到质疑和忽视，例如，调查记者作为深度新闻信息的供应者，本应是新闻业备受关注和稀缺的人才资源，应该拥有较高的社会地位，但从近几年调查记者的生存状态来看，却并不理想。2017 年，《新媒体环境下中国调查记者行业生态变化报告》中显示，相较于 6 年前第一次的调查结果，传统媒体调查记者人才流失和队伍萎缩十分严重，从业人数下降幅度高达 57.5%，而且现有调查记者主要集中在澎湃新闻、财新传媒、《新京报》、界面新闻、《北京青年报》、《南方周末》、《南方都市报》、《大河报》、《中国青年报》等几大主流媒体中。可见，在媒介生态环境发生转变的过程中，传统主流媒体新闻工作者的职业优势并未得到重视，致使新闻人才资源不断流失。

此外，从职业心理上看，新闻记者的职业认同感明显降低，职业忠诚度充满不确定性。职业认同感的降低容易使个体产生消极情绪，职业倦怠是典型的不良情绪反应。职业倦怠是在工作重压下所体验到的身心俱疲、能量耗尽的心理枯竭状态。它常表现为精力耗竭（即对工作失去了活力和能量）、讥消态度（玩世不恭、缺乏奉献精神、缺少认同感）、低效能（较低的专注力和工作效能）。职业倦怠是对工作积极性的一种侵蚀，它会把本来具有重要意义和挑战性的工作变成让人觉得无趣和没有成就感的存在。新闻工作者是职业倦怠的高发人群，与心理咨询师、教师、警察、医护人员等并列为职业倦怠五大高发人群。新闻工作者的职能是为社会和公共利益服务，因此，密切联系群众、深入接触社会的各个层面和领域、与社会各界有广泛交集是新闻工作者获得更多信息的保障。在新闻实践中不仅需要付出脑力劳动，同样也需要付出体力劳动，有时甚至还会遇到一些危险情况。对于这样要求有艰苦奋斗和牺牲精神的职业，新闻工作者需要有坚持新闻理想的决心和良好的职业道德素养，如此才能履行好其所要承担的义务和责任。但有部分新闻工作者因媒介生态环境变化、媒体行业动荡、自身职业素质缺失等，在实际工作中产生了职业倦怠。他们面对采访任务敷衍了事；面对新闻线索不积极主动追踪，在岗位上得过且过；在选择采访选题或者采访条件时，更趋向于选择采访内容相对轻松的选题和去环境比较舒适的地区采访。有职业倦怠的新闻工作者缺乏对新闻理想积极追求的意愿，对个人发展也不抱期望。一位资深记者讲述了他的亲身经历：领导让他深度挖掘某一事件的真相并做一个深度报道，这是他擅长的，但他以锻炼新人为借口，将任务交给了年轻记者去负责，自己只做些联络性工作，素材一拖再拖，结果其他媒体的调查记者率先挖到一手资料，采访到独家内容。该记者后来对自己的行为感到羞耻，这说明他还是有职业意识和社会责任感的。新闻工作队伍中有不少人失去了挖掘新闻的冲动，丧失了对新闻理想的追求，甚至有些记者把做不出好新闻的责任推卸给媒体环境，认为媒体环境不好。媒体形态或者会变化或者会消失，但新闻始终存在，其实可怕的不是媒体落后了或者转型了，而是部分新闻工作者不愿意做“好新闻”了。

前述资料显示，在当前我国媒介生态环境变革过程中，新闻工作者的声望、财富、权利，都未体现出新闻工作者应有的社会地位，与对他们的社会期待不符。较高的社会期待和不高的经济地位之间的矛盾，很容易使新闻工作者产生心理失衡，从而受经济利益驱使做出失范行为。新闻工作者的消极态度不仅影响其个人发展，也会对媒体的竞争力、权威性和公信力等产生负面影响，长此以往，公众会对官方新闻媒体失去信任，媒体行业整体声誉会受到影响。

第三节　新闻工作者的心理焦虑

一、价值判断面临的挑战

新闻的选择与判断一直是新闻职业的一项核心功能。新闻工作者以职业的视角和伦理价值规范对信息进行选择、判断和阐释，凭借新闻专业知识与话语地位将自身划为一个特殊的职业群体。传统新闻生产过程中，新闻工作者对于新闻对社会重要性的判断已经内化成固有模式，他们对新闻信息的选择，形成了对公民信息接收的议程设置，他们不仅要告诉公众发生了什么，还要告诉公众所发生的事件当中哪些是相对重要的。由于主观的局限性，新闻工作者对新闻的选择与判断往往面临指责。相对于其他专业，新闻业的专业话语并未建构起明确的界限，而网络环境中出现了大量非专业新闻生产者，新闻业成了向所有人开放的行业。

数据与算法给新闻工作者的主观价值判断带来了挑战。海德格尔认为，当技术占支配地位时人会丧失主体性，无法发现自身的价值。数字技术对新闻业的渗透，促使算法技术的运用兴盛起来，它使新闻实践活动不再完全依赖人。虽然，数字技术进一步消解了传统媒体在信息传播上的垄断地位，但其本身的复杂性和不可控性也会形成新的遮蔽。依靠大数据和算法运算而形成的价值判断会因为技术对判断标准的设计而产生偏差，影响到新闻的公正性和全面性。数字技术在人们对技术认知有限的情况下，反而容易模糊人们对真假、是非等价值的判断，从而阻碍人们获得真相。

依靠数据与算法的判断与传统的新闻判断之间在服务对象和价值标准上有明显的区别。首先，从对象上来讲，传统的新闻判断与选择所服务的对象是整个社会大众，这里的社会大众具有公共性的特征，传统的新闻判断关注的是具有社会整体价值的内容。而依靠数据与算法的判断则强调“受众本位”，将关注点从公共性转移到用户特定需求上，所服务的“公众”是具有个性化需求的个体，关注的是公众作为个体“想要什么”，它将新闻的重要性与个性化服务相挂钩。其次，从新闻的价值判断标准上来看，传统的新闻价值判断主要关注信息的时效性、重要性、显著性、接近性和趣味性等要素，新闻工作者坚持的基本原则就是保障新闻的真实性与准确性。依靠算法的价值判断则主要关注注意力经济，它在意的是公众的注意力和兴趣偏向。如亨利·詹金斯所言，媒介产业总是关注维持受众的忠诚度和注意力，在线受众的参与不仅容易追踪，而且成了不可或缺的产业资源，算法为获取这种资源提供了极为便利的条件。

数据与算法影响公众对新闻的选择，也影响共同意识的凝聚。目前，新闻分发的算法大致有三种类型：一是以用户选择内容为核心的信息细分；二是基于用户行为偏好所做的数据追踪来推送新闻；三是基于用户与产品的选择关系以及混合型的算法。不论是何种类型，它们都主要借助对数据的分析与评估，为用户推送和他们相关度较高的新闻内容。对这种相关度的判断，一种方法是，点击量越高，则信息越重要，但关注度的多少与新闻重要与否并非一种完全的等同关系。另一种方法是，根据数据追踪和记载的结果来判断信息的受关注程度，并以此判定信息的重要程度，如果足够重要，便进一步推送与所关注信息相关的内容。对用户本身来说，算法将海量的信息以迅猛的速度传递给他们，致使他们在狭小的“信息茧房”中自娱自乐，由此，对他们来说至关重要但不那么吸引人，甚至是不怎么令人愉快的报道可能就夭折在筛选环节。公众沉浸在特定信息中，便减少甚至失去了了解其他领域内容和观点的机会，个人精神领域会变得越来越狭窄，缺乏思辨和质疑的精神过程，这阻碍了人们的精神升华和精神财富的创造。对公共空间和公共意识的建构来说，算法将网络中有同样兴趣的用户集成群体，群体内成员之间会形成较高的认可度和一定的价值偏向，当群体分化到一定程度时，各群体之间可能会产生分裂甚至对抗，这会给意识统一的公共空间的建构和价值引导带来更大难度。

算法在某种程度上能替代人工判断，能克服人类内在的偏见和局限。但新闻工作者如果过度依赖数据与算法去寻求和迎合公众的兴趣，把新闻的个性化理解为对经济需求的回应而不是新闻的规范性，就会造成对传统新闻业理解的一种根本背离。新闻工作者必须重新思考如何让自己的专业判断合法化，而不是降低专业判断在新闻生产中的重要性。

二、新呈现形式的双面性

媒体融合时代，在叠加和链接共同作用的“裂变式”传播环境中，事实的变化更容易被捕捉到，多家言论和多个视角的报道让新闻摆脱了一家之言和一个视角的束缚，新闻在共时共景中不断翻转。技术进步使真理和谬论都有表达的空间且相互交织，这既有利于新闻工作者社会责任的履行，同样也增加了其出现社会责任失范的风险。新闻传播环境复杂，人们对新闻工作者提出了更高要求。

一方面，新闻工作者可以利用先进技术对新闻信息进行全时空呈现。过去传统媒体大多以文字、声音或图像传播新闻内容，其呈现形式较为单一。而今新闻内容从单一媒体形态向融媒体形态转变，对一起新闻事件的表述可以使用文字、照片、音频、视频、漫画、动画甚至虚拟现实等技术，给民众带来多感官的综合性新闻信息体验。这有利于对新闻事实进行全面报道，更好地接近事实真相和反映客观现实，更好地引导舆论和传承文化，进而更好地帮助新闻工作者履行自身的社会责任，促进国家和社会的稳定与发展。先进的媒介技术还可以对信息进行纠错，揭露网络环境中的虚假新闻。近年来，许多平台都在不断研发和利用大数据和人工智能，对新闻信息进行纠错和筛查，还用其追踪和识别虚假新闻。全球在纠错和打击虚假新闻方面十分积极，北美和东南亚一些国家，利用人工智能技术追踪和发掘社交媒体中虚假新闻和误导性信息的流动，还利用技术抵御虚假新闻对总统选举的负面影响。比如，菲律宾的 Rappler 在“鲨鱼坦克”的数据库里存储了超过亿万字节的信息用来追踪虚假信息，然后研发人员利用这些数据进行高级事实核查、验证和网络分析。印度的数字媒体 Quint 开发的 WebQoof 能对虚假信息进行还原与核查。我国的虚假新闻一般有技术参与的痕迹，《新闻记者》在 2021 年第 1 期发布《2020 年十大假新闻》，提到有三分之一假新闻都涉及技术造假，其中《国务院：暂停武汉红十字会的工作》这则新闻是一则拼接新闻，报道中使用了《人民日报》电子版中的一张截图并涉嫌图片的合成。如今各种实用性图像编辑软件降低了图片处理的难度，利用虚假图片进行信息操控的现象越来越多。虚假新闻图片的泛滥不仅扭曲了人们对世界的认知，还影响到政治和社会各领域的发展。而在媒体融合环境中，公众接触到虚假新闻图片的概率远远高于传统媒体时期，虚假新闻图片所带来的危害更为显著。为了降低虚假新闻图片的破坏力，许多科技公司和媒体企业积极研发新技术。例如，谷歌在 2020 年发布了一项图片查验技术，该技术通过对图片来源的详细导航，帮助用户识别误导性新闻图片。新技术既然是为了查假研发出来的，自然在此方面有其积极的意义，然而人工智能在抑制虚假新闻方面也体现出技术的两面性。我国媒体环境虽然复杂，但也积极探索人工智能对虚假新闻的治理功能。有些新闻工作者通过技术手段改造新闻信息造成新闻失实，这又成为新媒体环境中新闻生产的新问题。2018 年 10 月，麻省理工学院的研究人员公布了一套可以识别虚假新闻源和政治偏见的 AI 系统，此系统能不断地进行自主学习，将潜在的误导性信息筛选出来，可见科技为抵御虚假新闻做出了贡献。但该系统在学习过程中会改变影像中物体的运动轨迹，还会重塑人物形象，其伪造或操控影像的能力也在不断提升。人工智能技术可以用于打击假新闻，但也能成为制造“深度假新闻”的工具，这给人工智能技术运用于新闻业的前景增添了新的不确定性。[①]

技术进步会带来正负双面影响，关键还在于使用技术的人想要用技术做什么。新闻工作者作为专业的媒体人，如果利用技术手段有目的地对信息进行加工或编造，生产不实新闻，这有悖于新闻工作要尊重事实、反映事实的职业原则，也有悖于新闻工作者的职业道德。

本章小结

在媒介生态环境转变的态势下，传统媒体信息垄断地位丧失，把关权弱化，人们对新技术的崇拜使传统新闻工作者失去了为新闻奋斗的原有环境，传统的新闻秩序被打破。伴随着媒体产业结构、运行机制的转变，新闻工作者的压力逐渐增大，职业优势消解，这导致新闻工作者产生心理焦虑。当媒体自身的经营压力转嫁到新闻工作者身上时，媒体的经济压力则削弱着新闻工作者新闻实践中原已脆弱的自主性。虽然很多新闻工作者有意识地抵制，但往往力不从心。新闻工作者的经济压力凸显，收入水平、职业满意度和职业成就感下降。不仅如此，随着数字技术向传播领域的渗透，数据与算法给新闻价值判断带来挑战，新闻工作者因困惑于新闻价值判断在对象和标准上是基于个性化需求还是基于整体社会需要而产生了心理焦虑。

① 史安斌，王沛楠.2019 全球新闻传播新趋势——基于五大热点话题的全球访谈［J］. 新闻记者，2019（2）：37–45.

第六章　我国新闻工作者社会责任履行的策略进阶

第一节　媒介生态环境概述

一、媒介生态环境理念概述

“生态”原是生物学家研究生物有机体与其周围生存环境之间关系所使用的词。由于其自身学科研究包含对整体、互动、平衡、循环等问题的深刻认识，因此，“生态”的理念，逐步被其他学科所涉猎和应用，形成了许多新的学科交叉研究，媒介生态研究就是其中之一。媒介生态研究作为媒介研究领域一个新的学术分支，国内外的研究者对其有着不同的理解。西方媒介生态学起源于北美，媒介环境学派和美国纽约学派是研究媒介生态学的两大主流学派。刘易斯·芒福德在《技术与文明》中从技术哲学和技术史的角度出发，对技术的发展历史做了总结，分析了技术与社会、文化之间的关系。书中虽然没有具体涉及对媒介生态的表述，但为西方学者探究该问题提供了思想来源和思维方式，该著作对媒介生态研究具有奠基作用。

媒介生态概念的提出涉及两个重要学者。其中，马歇尔·麦克卢汉作为媒介环境学派的早期代表性人物，他基于芒福德的思想发展了技术决定论。在《媒介即讯息：效果一览》《理解媒介：人的延伸》等经典著作中，他将个体作为生态系统的重要组成部分，把媒介技术与人连接起来，将媒介生态（media ecology）作为隐喻帮助人们理解技术与媒介对人类产生的巨大影响。另一位学者是美国的尼尔·波兹曼，他在一次演讲中正式介绍了媒介生态学，至此，媒介生态成为新闻传播学中一个重要的学术领域。两位学者尤其关注媒介技术的发展对人类社会和文化发展的影响，重视探究技术、媒介与社会三者之间的关系。

我国在媒介生态方面的研究较西方国家起步晚一些，不同于其他的传播学研究，我国关于媒介生态方面的研究受西方学术研究的影响较小，因此，我国的媒介生态研究形成了与西方截然不同的研究方向和路径。

我国最早涉及媒介生态研究的文献是《电视媒介：被忽略的生态环境——谈文化媒介生态意识》（尹鸿，1996），文中指出媒介生态学关注与人相关的、动态变化的媒介环境，强调媒介之间需要保持一种和谐互动的良性关系，这一观点与西方的研究观点有相似之处，都是通过研究人与媒介的活动来探讨媒介对人类的作用。邵培仁教授则从媒介本身入手，提出了媒介生态的五大观念和五大规律，探讨了媒介内部与外部环境对媒介生态产生的影响。此后，童兵、张立伟、张国良等学者则针对中国的传媒生态进行分析和实证调查研究，在更加具体的层面论证了媒介生态的规律和特点。

关于“媒介生态”和“媒介环境”的概念易混淆。西方学者的研究中将媒介生态和媒介环境等同起来，尼尔·波兹曼认为，媒介生态学研究就是将媒介作为环境的研究。我国则主要探讨媒介、人与媒介环境之间的相互作用及传播生态系统运作机制的平衡状态。新闻媒介作为社会系统的一部分，与其他社会系统存在密切联系，被视为媒介生态环境。在宏观上，我国学者研究人类与媒介环境之间的对立统一关系，揭示社会经济发展和媒介环境协调发展的基本规律；在具象上，我国学者研究媒介环境中的媒介变迁、转化和传播规律，探索它们对人、社会的影响和作用等。

西方学者关于媒介生态的研究往往忽视了社会系统中其他系统因素对媒介产生的作用。我国学者则重视研究影响媒介生存和发展的各类因素，不同社会制度下的生态因素不同，媒介生态环境也不同。“媒介生态，与媒介产生互动关联的环境则可以看成是媒介生存的外部生态因素，比如经济、政治、文化、技术等，这些因素和媒体的互动构成完整的‘媒介生态’。”①媒介生态环境受内、外部各类因素的影响发生变化时，身处其中的新闻工作者和社会其他系统之间的关系也会发生变化。

二、我国媒介生态环境与社会责任履行

我国在融合发展的过程中，所形成的以高新技术为基础的媒体技术生态集群，引领着原有大众传播的传播结构、传播过程和传播要素的变革。技术因素作为导致媒介

① 李建红．媒介生态学研究述评［J］．传媒，2017（5下）：88.

生态变化的主导因素，也牵动了媒介外部环境与其自身内部环境的变化。

在媒介生态政治因素方面，主要涉及的是国家的各种政策制度、管理体制等方面对媒介发展形成的外在规约。我国传统媒体一直以来都是党和政府的宣传阵地。改革开放之后，我国媒体的管理体制转变为事业单位，企业化管理，逐步适应市场经济变革。当前，随着媒体融合的发展，社会群体和社会阶层进入了广阔的空间和平台，信息传达更为复杂，用过去传统媒体时期单一的、强制的法律和行政管理力量来规约当下多元的、广阔的融媒环境显然是不能满足现实需求的。在新媒介技术的推动下，新闻媒体及新闻工作者需要在改变中积极寻求新环境下的新身份与新功能。媒介的政治生态与媒体的管理体制紧密关联，面对我国媒体融合的纵深发展，政府的相关部门不能仅仅停留在促进媒体表面的融合上，还需要维护新的媒介生态环境健康发展和完善具有社会整合、团结功能的国家政策方针和媒体管理体制。

在媒介的经济生态模式中，传统媒体主要依靠广告收入和媒介消费指标。在技术的影响下，传播渠道和媒体形态的变化使传统媒体新经济增长空间出现，传统媒体的产业价值和经济效益都得到了提升。在以信息产品为中介的供需关系中，信息生产者、广告商、投资商和受众之间形成了更为复杂的关系。受众的个性化需求成为媒体关注的焦点，新的媒介环境下，受众不再苦恼于信息数量的缺乏，相反，面对海量信息往往无所适从。新闻工作者需要利用自身的专业知识，对信息进行深度挖掘、细致筛选和客观报道，对有重要新闻价值的事件进行深度解读，为受众提供具有权威性、公信力和专业性的信息资源，维护和增强主流媒体的竞争优势。媒介的经济生态与新闻工作者的新闻生产意识相关联，因此，新闻工作者应根据受众的实际需要制作新闻，吸引受众关注新闻，增强媒体黏性，也在维护公共利益和社会价值判断上取得平衡。

在媒介文化生态方面，人人都能发声的媒介环境，使得越来越多的个体倾向于自我发言和进行广泛意见交流，多元的大众文化使得受众不再被动接收价值和意义。与受众建立共同的话题和体验，是增进交流，加快共同体意识融合的重要条件。媒介外部文化生态与内部职业道德相关联，新闻工作者作为文化和价值理念的引导者，需要有核心的价值理念和较高的文化素养。

不论媒介的外部环境和内部环境如何，都需要新闻媒体和新闻工作者通过有效履行其社会责任推动社会和谐发展。媒介生态环境与新闻工作者社会责任履行之间相互影响，相互作用。一方面，媒介生态环境的相对平衡是媒体组织以及新闻工作者履行社会责任、维护社会和谐的前提条件和基础。媒介生态环境系统的各个内部因素与外部因素之间建立起相互协调的平衡关系，有助于媒体及新闻工作者在充分享受权利的同时也能有效地履行社会义务和责任。另一方面，媒体及新闻工作者承担和履行相应的社会责任与义务，是实现和维护媒体生态环境健康发展的重要保障，最终促进整个社会系统的和谐发展。若媒介生态环境失控或失衡，则人类社会生活和已形成的平衡关系就会受到影响甚至遭到破坏。因此，要以高度的社会责任感和历史使命感对媒介生态环境系统进行调节，从而实现各要素之间的良性发展。

当下，媒介生态环境发生了巨大变化，我国媒体融合的发展与媒体内部的运作以及政治、经济、文化、技术等社会其他系统之间的相互作用，对新闻行业的媒体制度、经济运营、技术手段、价值观念等多方面产生了影响，促使新闻媒体改变具体的新闻业务实践和社会责任内容。新闻工作者是新闻实践的主体，他们身处媒介生态环境中，是社会责任的承担者和执行者，环境的变化最终会影响到新闻工作者的思想观念和具体实践，新闻工作者社会责任要求上的改变是媒介生态环境变化的具体体现。新闻工作者在新环境中需要考虑选择和运用怎样的路径和策略来实现对媒介生态环境的内部适应和外部应对，从而有效履行社会责任，这也是实现媒介生态环境平衡与良序发展的重要保障。

第二节　媒介生态环境的外部应对

一、政治层面：新闻观的建设与监督的增强

（一）加强新闻工作者政治思想观念建设

新闻工作者加强政治思想观念建设，把握主导性政治意识与主流价值观，这对完成新闻工作具有重要的指导作用。主导性的政治意识形态与主流的社会价值观决定着新闻的意识形态和价值观。主流媒体的新闻工作是宣传和维护主导性政治意识形态和主流社会价值观的重要工具和手段。从政治生态因素上来讲，政治制度和意识形态上的规约决定了新闻政策、新闻制度和新闻价值等方面的标准，对个体意识和道德价值观念具有建构性和指导性作用。我国的新闻政策是党和政府的意志的体现，也是我国国情和人们需求的反映。我国的新闻业一直以来都坚持马克思主义新闻观，习近平总书记的新闻舆论思想对马克思主义新闻观既有继承又有创新性发展，该思想将新闻舆论工作界定为治国理政、定国安邦的大事，必须不断提高新闻舆论的传播力、引导力、

影响力和公信力。作为当下我国新闻业的重要指导思想，新闻舆论思想对新闻工作者的职业素养和社会责任意识起着重要的导向作用。

1. 坚持马克思主义新闻观

马克思主义新闻观是新闻工作者的思想武器。马克思、恩格斯所创立的马克思主义理论，深刻揭示了人类社会和人类思想发展的普遍规律，是科学而伟大的理论工具和强大的思想武器。马克思和恩格斯在长期的新闻实践中所形成的马克思主义新闻观，是对无产阶级新闻传播工作基本原理和客观规律的总结和升华，是马克思主义人生观、世界观、价值观、方法论在新闻传播领域的具体体现，反映新闻工作中一系列根本性问题，无论是在理论还是实践方面对社会主义新闻事业的发展都具有指导性意义。

马克思主义新闻观是开放、创新的理论体系，自马克思和恩格斯创立、奠基以来，被列宁继承发展，中国共产党历届领导人也结合我国实际发展起来符合中国国情的马克思主义新闻观。党的十八大以来，我国的指导思想与新闻政策为适应新闻传播环境变化有所突破。进入新时代中国特色社会主义的新历史阶段，我国的新闻思想与新闻政策同样要与时俱进，守正创新。习近平新闻舆论思想，一方面吸收和继承了前人的思想成果，另一方面又根据时代的需求，对马克思主义新闻观进行了创新和发展。习近平总书记要求新闻工作者深入理解马克思主义新闻观，将其变为自身的理想信念和思想武器，并以此来指导具体实践，防止在新闻工作中被西方新闻观迷惑而迷失方向，该要求为新闻媒体和新闻工作者指明了行动方向。

2. 坚持党性原则

坚持党性原则，是对新闻工作者实现社会责任的根本要求。坚持党性原则是马克思主义新闻观指导新闻实践的本质属性。“是否坚持党性原则是马克思主义新闻观与非马克思主义新闻观之间的本质区别。”[①] 自马克思主义新闻观创立以来，党性原则一直作为核心思想指导着无产阶级的新闻实践活动。

虽然马克思和恩格斯并未明确提出党性原则的概念，但在关于党报和党的关系问题上他们还是表明了党指导党报的思想。恩格斯在批评“青年派”的思想时指出，在党内每个人都应从当兵做起，在党内担任职务不仅要会写作或具有理论知识，还要熟悉党的斗争条件和方式，并自愿把自己列入战士的队伍。要站在理论高度和党的立场、上维护党报和党的纯洁性，党报工作人员要与党组织保持密切的联系。列宁作为马克思主义新闻观的继承人和发展者，在马克思、恩格斯的思想基础上，通过自己丰富的

① 林如鹏，支庭荣．习近平新闻思想：当代马克思主义新闻观的重大创新［J］．暨南学报（哲学社会科学版），2017（7）：5.

办报经验为马克思主义新闻观注入新的内容。他最突出的贡献就是，在 1905 年《新生活报》上发表了《党的组织和党的出版物》一文，并首次提出了党性原则的概念，指出党的出版事业是无产阶级总体事业的一部分，是民主主义机器的“齿轮和螺丝钉”。党报的党性原则其实质是为劳动人民服务、为国家服务。列宁不仅在整体思想上强调党性，在具体的新闻工作上也重视个体向党靠拢。他指出，写作事业和报刊工作具有特殊性，不能将个人思想和兴趣爱好与党的事业等同起来，虽然允许个人自由创作，但必须接受党的监督。列宁将新闻写作和出版严格限定在坚持党性原则的前提下，而他对党性原则的认定依据的是党纲、党章、党的决策以及党的全部经验。毛泽东作为马克思主义新闻观中国化的开创者同样在党性问题上从不曾放松过。他强调，新闻工作者要从大局出发，及时反映和服从党的当前政策，当党的政策发生变化时新闻宣传工作也应做出相应调整。邓小平、江泽民和胡锦涛同样重视党性问题和党对新闻工作的引导，明确强调社会主义新闻工作必须坚持党性原则，党必须加强对新闻工作的领导。党性原则是保证党的新闻媒体和新闻工作者始终坚持正确政治方向，促进党的新闻事业繁荣发展的重要指导原则。

习近平总书记提出，坚持党性原则是对马克思主义新闻观关于党性问题的继承，同时由于舆论环境日益复杂化，在这一时期更需要党对新闻舆论工作的领导，强调党媒姓党。早在 2004 年，习近平总书记在浙江省委新闻宣传工作座谈会上，就要求新闻媒体要增强政治意识、大局意识和责任意识；中共中央十八届六中全会上又进一步要求新闻媒体增强核心意识和看齐意识，自觉同党中央保持一致，维护党中央的权威和党的团结。他特别强调媒体及新闻工作者社会责任要求中的政治属性和作为政治工具的角色。党性原则是每一个新闻工作者必须坚持的根本原则，在该原则的指导下，新闻工作者重视对意识形态和主流价值观的引导，以维护社会稳定和履行社会责任。

3. 坚持以人民为中心的理念

新闻工作者需要对党性和人民性的关系有明确的理解和认识，才能明确自身的舆论引导责任。党性和人民性相统一是马克思主义新闻观的基本观点。马克思在关于《莱比锡总汇报》被查封的系列评论文章中，第一次提出并阐释了“人民报刊”的概念。他强调，人民报刊的实质就在于体现人民精神、表达人民感情、维护人民利益。毛泽东在对《晋绥日报》编辑人员的谈话中也指出：报纸的使命和任务是让群众了解党的政策和自身利益，并在党的领导下为实现自身利益而努力奋斗。1950 年，邓小平在西南区新闻工作会议报告上强调了三点内容，其中一点就是联系群众。江泽民在 1989 年的新闻工作研讨班上提出，新闻工作必须为社会主义服务、为人民服务。2003

年，胡锦涛在中共中央政治局会议上提出了贴近实际、贴近群众、贴近生活的“三贴近”原则，之后又反复强调新闻工作要为人民办报，要依靠人民办报。对于党性和人民性，马克思、恩格斯、列宁以及我国历届领导人都反复强调它们之间的关系，但不时仍有由“为人民服务还是为党服务”“人民性高于党性”等言论引发的理论动荡，因此，厘清两者的关系有利于新闻工作者实践活动的开展。坚持党性，是新闻媒体及其从业者开展新闻工作需要坚持的最重要原则。新闻事业不仅是社会事业，也是党的事业，新闻工作需要体现党的意志、反映党的主张、维护党的权威。坚持人民性，则要求新闻媒体及新闻工作者以广大人民的根本利益为出发点和落脚点，坚持以人为本。党性和人民性是一个整体的政治概念，党的宗旨就是为人民服务，两者并非对立关系。进入新时代，习近平总书记强调，没有脱离人民性的党性，也没有脱离党性的人民性，新闻工作者需要在实践中不断解决好“为了谁、依靠谁、我是谁”的根本问题，做到将党的方针政策化作人民的自觉行动，在实际工作中做到及时反映人民的利益诉求和实际情况，认真贯彻党和政府全心全意为人民服务的根本宗旨。

要坚持党性和人民性的统一，就需要把党的主张和人民的意愿联系起来。新闻工作者需要把舆论导向工作放在核心和首要的位置。“新闻舆论工作各个方面、各个环节都要坚持正确舆论导向。”① 新闻报道不可能完全不受报道者立场、观点的影响，也不可能完全脱离阶级和党派。马克思主义新闻观对于客观性和政治性的问题有明确表态，即不否认新闻客观性，但也不隐藏新闻的政治性和倾向性。江泽民将正确的舆论导向与党和人民的前途命运紧密联系起来，体现新闻工作对国家整体发展的重要作用。胡锦涛强调新闻工作要以人为本，坚持正确的导向，坚持反映人民的心声，并将两者结合起来。可见，舆论引导与国家命运息息相关。因此，在我国进入新的历史阶段和处在复杂的世界格局的背景下，稳定社会大局、坚持正确的舆论导向是实现思想稳定和统一的重要保障。为此，新闻工作者要做好新闻舆论工作，首先就要坚持正确的政治方向。

4. 坚持正确舆论导向和政治方向

坚持正确的舆论导向是履行社会责任的核心任务。在党的百年历史当中，党始终将新闻舆论工作作为核心任务贯穿于党的新闻事业发展过程当中。在中国人民革命和国家建设等阶段，毛泽东都十分重视民众的意见和呼声，强调要在民众的意见和社会舆论中发现问题并找到解决问题的方法。改革开放以后，党对舆论工作的重视程度进一步加

---

① 本书编写组 . 习近平谈治国理政（第二卷）[M] . 北京：外文出版社，2017：332.

深，关于引导舆论、舆论监督、舆论导向等问题成为新闻工作的重要议题。1989 年，习近平总书记在福建召开新闻工作会议，强调舆论引导和舆论监督是社会主义新闻事业的两大功能。江泽民的“福祸论”和胡锦涛的“利误论”都体现出坚持正确舆论引导和导向的重要性。面对新的时代要求，习近平总书记提出，“舆论导向正确，就能凝聚人心、汇聚力量，推动事业的发展，舆论导向错误，就会动摇人心、瓦解斗志，危害党和人民的事业”①。总体而言，新闻舆论工作始终是新闻工作的主要内容。

坚持正确的舆论导向还要坚持正确的政治方向。新闻工作者要有“政治家办报”的意识和品质。“政治家办报”思想，要求新闻工作者必须有政治意识和全局意识，明确和坚定政治立场和正确的政治方向。我国历届领导人都在继承和发展这一思想。毛泽东关于“政治家办报”的核心思想，强调新闻工作者“要有政治家的胸襟和见识，要能够从政治上总揽全局，抓住事情的要害，使新闻宣传紧密配合国内外的政治形势，为全党和全国工作的大局服务”②。这明确表明了新闻工作者要有政治引导的全局思路，要有面对社会现实的使命感和责任感。邓小平将新闻工作放在促进国家安定团结和促进社会主义发展的大局层面加以考虑，认为新闻工作者是思想战线上的战士，应该具有高尚的品质。江泽民对“政治家办报”也做了阐述：“报社的同志，必须讲政治，必须有良好的政治素质，具有很强的政治鉴别力和政治敏锐性，必须树立高度的政治责任感。”③江泽民重申了新闻事业是党的生命的一部分的观点，指出“新闻工作的党性、阶级性和新闻真实性是一致的”④。中国特色社会主义进入新时代，媒介生态和舆论环境发生了巨大变化，习近平总书记高度重视和强调新闻舆论工作，要求新闻工作者服务于党和国家各项事业的建设，服务于人民，根据国家在不同阶段的主要矛盾和核心任务，集中贯彻党和国家发展的路线、方针、政策，做好服务工作，推动社会发展。面对新的工作格局，习近平总书记在视察《解放军报》，调研《人民日报》、新华社、中央电视台等活动中反复强调：坚持党管媒体，坚持党性原则，坚持政治家办报的意识，并建设一支政治坚定、作风优良、业务精湛，党和人民放心的新闻工作者队伍，要求新闻工作者全面围绕中心开展工作，牢记社会责任。

在新时代，“政治家办报”思想是新闻媒体和新闻工作者工作的方向和动力。我国作为社会主义国家，对新闻工作的政治要求十分鲜明，在任何时候和任何情况下新闻工作者都不能回避自身的使命和责任。“政治家办报”思想要求新闻工作者必须坚持

---

① 习近平 . 论党的宣传思想工作［M］. 北京：中央文献出版社，2020：185.

② 郑保卫 . 当代新闻理论［M］. 北京：新华出版社，2003：369.

③ 江泽民 . 在接见《解放军报》师以上干部时的讲话［M］. 北京：文汇出版社，2001：63.

④ 中共中央文献研究室 . 十三大以来重要文献选编（中）［M］. 北京：人民出版社，1991：765-778.

为人民服务的宗旨，坚持为社会主义服务的原则，以国家和人民的利益为先导。当然，“政治家办报”并非以政治取代新闻，而是要求处理好政治方向与新闻规律之间的关系。新闻工作者需要加强对政治思想的认知和理解，使自己具备良好的政治素养，能够确立正确的政治立场，具有全局意识和责任意识，能站在政治的全局高度生产、处理和传播新闻。

5. 坚持正面宣传为主

坚持正面宣传为主是新闻工作者责任要求的重心和支点。正面宣传是对新闻工作推动党和国家发展，建构良好环境的重要责任要求。“正面宣传为主，就是要求新闻报道把弘扬主旋律、传播正能量、宣传社会主义核心价值观和组织主流舆论作为主要任务，在新闻报道的时间、数量和整体规模上占据优势，起到定向和主导作用。”[①] 对于新闻工作者的职责要求而言，需要反映党和国家的工作大局，对热点、难点问题进行答疑解惑；用具有吸引力和感染力的手段和方式，使民众更容易、更主动地接受好的内容；在具体的报道中从小处着眼反映大的社会格局，从积极的角度和立场说服民众，形成在党、媒体和民众中相对统一的社会主流意识形态。

新闻媒体及新闻工作者应该直面问题，对正面宣传和舆论监督进行合理布局，处理好两者的相对统一关系。正面宣传是指通过积极宣传先进人物和先进事迹树立好的社会典型来传递正能量，而舆论监督则是指对党和政府的工作缺失进行批评和监督，督促其纠正错误，改进工作，通过负面的报道达到正面的效果。马克思主义新闻观虽然重视新闻的正面宣传和引导作用，但并未回避新闻对党的监督作用。马克思和恩格斯指出：“报刊按其使命来说，是社会的捍卫者，是针对当权者的孜孜不倦的揭露者，是无处不在的耳目，是热情维护自己自由的人民精神的千呼万应的喉舌。”[②]1950 年，邓小平指出批评与自我批评对于推进新闻工作的积极意义。1981 年，他在《中共中央关于当前报刊新闻广播宣传方针的决定》中提出，要正确处理表扬和批评的关系，要坚持以表扬为主的方针。习近平总书记高度重视舆论监督，他指出，工作中存在的问题和社会丑恶现象是不以人的意志为转移的客观存在，新闻媒体对此不能回避，当然，在进行舆论监督时，发表批评报道要事实准确、客观分析。因此，正面宣传与舆论监督是有机统一、相辅相成的，两者并行不悖。新闻工作者在进行新闻生产和传播的过程中，维护党和政府的形象，宣传正面内容无可厚非，但若刻意选择回避甚至遮掩负面新闻，对国家民主政治的发展并无益处。国家和社会的发展不能单靠表扬夸赞、树立榜样，也需要有批评和

---

① 本书编写组. 马克思主义新闻观十二讲［M］. 北京：高等教育出版社，2019：102.

② 马克思，恩格斯. 马克思恩格斯全集（第 6 卷）［M］. 北京：人民出版社，1961：275.

反思，但不是纯粹的批评和反思，而是带有建设性的。新闻工作者只要做到事实准确、分析客观，只要做到对社会负面现象的批评有理有据，就有益于党和政府对工作的完善，能起到监督的积极作用和效果。

新闻工作者不要怕谈问题，不要有意避开问题，重要的是不违反时代的要求。新闻工作者肩负着政府的“喉舌”和舆论监督两个重要责任，不论是做正面宣传还是舆论监督，其出发点和落脚点都应该是积极的、有建设性的，最重要的宗旨就是要有利于社会的稳定和良性发展。新闻工作者要明确两者的关系和共同目标，在进行新闻生产和传播的过程中对自身行为和思想的正确性做出合理判断。

（二）加强外部生态的监督和管理

1. 健全行业规范与监督管理

新闻工作者的职业道德与其履行社会责任之间有着根源性的关系。康德认为，责任是由于尊重规律而产生的一种行为的必要性，它是建立在准则基础上的。他将责任视为一切道德价值的源泉，认为“合乎责任原则的行为虽然不必善良，但违反责任原则的行为则肯定都是邪恶的。责任具有一种必要性，也可叫作自我强制性或约束性”[①]。职业道德是一种责任道德，新闻工作者的职业道德行为就是遵守职业道德规范。

恪守新闻职业道德仅靠新闻工作者的自觉是不够的，还需要体制的保证和相应的监督机制的约束，以自律与他律来形成双向保障。我国职业团体组织发布的自律准则是重要的、标志性的文件。特别是我国“中华全国新闻工作者协会”（简称“记协”），它与外国的此类组织相比有一个较为突出的不同之处，它具有准官方性和权威性。国外的“记协”大多属于自主成立的群体组织，且有些国家不止有一个类似的群体组织，其性质主要是民间建立的行业团体，其约束力和影响力并不具有官方的权威效应。而我国“记协”是唯一且具有准官方性质的全国性职业自律团体，其最高权力机构是全国理事会，常务理事会选举“记协”主席、副主席，任命书记处书记，每届任期五年。中国“记协”在很大程度上行使着部分政府职能，它的约束力比其他制度下的记者组织在刚性和强度上都要大得多。作为全国性的专业团体，“记协”是党和政府与新闻业和新闻工作者之间沟通的桥梁和纽带。一方面，它要加强对新闻媒体和新闻工作者的管理，另一方面又要维护新闻工作者的合法权益，反映新闻工作者的意见和建议。

我国《中国新闻工作者职业道德准则》（以下简称《准则》）对新闻工作者的工作任务、职业操守、职业意识和职业底线等方面进行了规范。虽然随着社会变革和新闻

---

① 康德．道德形而上学原理［M］．苗力田，译．上海：上海人民出版社，1986：43.

事业的发展《准则》几经修订，但在总则上依旧遵循了我国马克思主义新闻观的指导思想，最新修订的版本，强调了习近平总书记对新闻工作在新历史条件下的新要求。在具体条款上从积极责任和消极责任两个方面对新闻工作者的职业道德进行了规范。《准则》中有关积极责任的表述突出了责任履行中的“底线”要求，大体上与我国党和政府提出的对新闻思想的要求保持一致；在消极责任方面则通过否定性表述（诸如，第二条第 2 款，在强调加强正面宣传的同时也要求坚决抵制低俗内容；第三条中要求采访途径和手段要合法并核实信息源的准确性，强调不能歪曲事实，摆布采访对象，虚构或制造新闻，报道失实要及时更正与致歉；第四条中提出了“有偿新闻”，并坚决反对有偿新闻、有偿不闻、谋取不正当利益等不良行为），强调坚持网上网下“一个标准、一把尺子、一条底线”，统一导向要求、管理要求，以此来表明对新闻生产中价值指向的重视。

技术的发展撼动了媒介生态环境，新闻行业各要素和结构都发生了巨大变革，传统媒体环境下提出的新闻工作者的职业道德规范和责任要求对于当下职业行为无法形成约束。媒体融合进程中，新闻工作者面临更多因素的干扰，受到更多的诱惑。跟风现象、媚俗新闻、隐私问题、虚假新闻等在新媒体环境中层出不穷。职业道德行为规范的滞后，致使新闻工作者在模糊地带游走。媒体融合下道德失范的危害要远大于传统媒体时期。因此，进一步完善职业道德规范，根据当下的实际状况对新闻工作者的行为进行更加具体的分类和界定、引导和规范，使其进一步明确自身的责任和义务，消除模糊和疑虑，找到自身行为的合理性依据显得尤为重要。

2. 完善政府监督与法制建设

媒介生态环境的变化单靠媒体行业自身是无法完全掌控的，政府需要加强行政监督与管理来协调媒介生态环境转变所带来的各种变数。党和政府从国家战略的高度全面考量技术发展和环境治理，并将其纳入国家战略议程。尽管在当今媒介环境中这样的监督越来越难，但不难发现，越是困难，监督主体越是会采取更为严格的法律方式、行政方式、科学技术手段加以监督。① 党管媒体，不仅要管传统媒体还要管新媒体，尤其是要管在新媒介生态环境下正在发展的媒体融合形式。

我国政府需要加强对新媒体的规范力度和统一管理，尤其是在新闻生产与传播方面，我国政府提出了严格的要求以保障主流媒体的舆论引导效果。以互联网为基础的新媒体的兴起，改变了中国既有的传播格局。与传统媒体相比，新媒体能摆脱社会制

① 杨保军. 论作为宏观新闻规律的“新闻依赖律”[J]. 新闻界，2019（5）：20–34.

度和资本的控制，开辟新的传播权力空间，但与此同时，公众对信息有了更强的自我诠释能力，他们碎片化、娱乐化的理解和表达，影响了主流媒体话语表达的权威性，媒体的主流意识形态引领作用的发挥需要具体的政策来保障。虽然政府相关部门已经出台了多个行政管理规定和办法，但仍需进一步建立和完善相关法律法规，从而保证对媒体乱象的打击和管理，做到有法可依、违法必究。2019 年，中宣部成立媒体监管局，统一管理新闻出版和电影工作，加强了党对新闻舆论工作的集中统一领导，这有利于在监管上明确管理责任归属。加强对媒体的统一管理，除了要整顿整体环境以外，还要加强对从业人员的管理。我国政府应更加严格地认定新闻工作者的职业身份，以维护新闻职业系统的正常运作。市民新闻的兴起，使新闻工作者的传播主体身份和新闻职业的专业性模糊化。新闻记者证是明确新闻工作者身份的依据。在我国，申领记者证必须是在编且从事新闻采编工作的人员。为了媒体环境的健康发展，我国政府要加强对新闻网站采编人员的统一管理，对网络新闻工作人员要强化持证机制；要不断强化传媒监督管理职责，加强对新闻记者及新闻单位驻地方机构的管理；要严格管理新闻记者证的审核发放；要开展教育培训，加强新闻违法信息监测，继续开展打击新闻敲诈和假新闻的专项行动。我国政府对新媒体环境下的新闻工作加强管理和监督，是净化媒体环境并使主流媒体发挥舆论引导力的一种有力保证，也为新闻工作者在当下环境中的社会责任履行提供了保障和约束机制。

我国政府对新闻行业的监管需要与行业自身的监督自律形成合理的配合。近几年来，我国政府监管力度有所加强，这种集中整治短期内治理媒介环境中乱象的效果明显。由于我国媒介环境正处于动态阶段，政府对新闻的监管需要及时跟进媒介生态环境的变动，净化和维护良好的新闻传播空间不可一蹴而就。从长远考虑，想要较为理想地解决社会责任缺失或者道德失范问题，还是要强化新闻媒体和新闻工作者的自律意识。

此外，政府也需要不断推进法规的完善与建设，一方面，使其他法规在新闻的专业性法律缺失的情况下，对新闻工作者在新闻生产和传播过程中各个环节的权利和责任问题做出更加明确的规定，以防止和减少新闻工作者的责任失范行为。我国出台的《民法典》第 1,026 条中，规定了新闻报道活动的义务要求，即“（一）内容来源的可信度；（二）对明显可能引发争议的内容是否进行了必要的调查；（三）内容的时限性；（四）内容与公序良俗的关联性；（五）受害人名誉受贬损的可能性；（六）核实能力和核实成本”。这些都体现出对新闻报道在采访和核实过程中的高要求，强调了在新闻生产和发布上的规范性。同时，对于合理使用公民人格权问题，《民法典》中也从权利和义务的角度给出了明确的回应。例如在第 999 条当中，为公共利益实施的新闻报道、舆论监督等行为，可以合理使用民事主体的姓名、名称、肖像、个人信息等。这一条款表明，在以正当的公共利益为目的的前提下，法律能保护新闻媒体及新闻工作者对公民人格权的合理使用。另一方面，法律也就防止新闻媒体和新闻工作者侵害人格权做出了相应的规定。比如，在第 1,025 条中就列举了侵害人格权的行为，分别有“捏造、歪曲事实；对他人提供的严重失实内容未尽到合理核实义务；使用侮辱性言辞等贬损他人名誉”等。《民法典》虽然并不是专门针对新闻而设立的法律，但它对新闻报道行为人在新闻活动中的权利和义务有了更为明确的规定，这有助于新闻工作者更加清晰地认知到自己的权利、责任与义务关系，有助于促进整个新闻行业的健康发展。

对于网络技术带来的新问题，也需要有相适应的法律制度来约束。目前，人工智能技术的研发与应用日趋成熟，我国将人工智能建设需要提到国家战略发展的高度。2019 年全国两会期间，国务院总理李克强第三次在政府工作报告中重点提及了人工智能产业的发展，明确提出要深入开展大数据、人工智能等的研发应用。我国学者邵国松表示：目前普遍认为机器人没有独立人格，人们还无法周全考量机器人的权利与义务问题，但随着人工智能的进一步发展，还是需要为其保留法律的空间，以防危及人类的安全。其他国家在欣喜于人工智能技术带来的功能性进步的同时，也关注对它的边界控制问题。2017 年，韩国政府出台了《机器人道德宪章》，美国信息技术产业委员会颁布了关于人工智能的 14 条准则，英国标准协会（简称 BSI）在《机器人和机器系统的伦理设计和应用指南》中对人机归责问题的阐释更倾向于将责任归于人，“需要对事情负责的是人类，不是机器人；对于任何一个机器人及其行为，都应该有找到背后负责人的可能”①。人工智能的法律约束和归责问题，成为当下各国关注的焦点。我国同样关注技术的法律和伦理问题，由国务院印发并实施的《新一代人工智能发展规划》中提出了人工智能“三步走”的发展构想，并强调对人工智能进行法规和伦理方面的建设。

新闻作品的版权保护问题同样应引起重视。目前，由于平台之间的障碍减少，许多媒体未经授权就复制、转发新闻内容，这种做法严重侵害了新闻工作者的利益，尤其是侵害了传统媒体的新闻工作者的利益。我国立法部门也注意到了新闻作品在网络上的转载问题。《著作权法》第三十五条规定：“作品刊登后，除著作权人声明不得转载、摘编的外，其他报刊可以转载或者作为文摘、资料刊登，但应当按照规定向著作

---

① 刘明洋，王鸿坤. 从“身体媒介”到“类身体媒介”的媒介伦理变迁［J］. 新闻记者，2019（5）：75-85.

权人支付报酬。”2015年，国家版权局办公厅发布《关于规范网络转载版权秩序的通知》，明确提出：“报刊单位与互联网媒体、互联网媒体之间相互转载已经发表的作品，不适用前款规定，应当经过著作权人许可并支付报酬。”在最新的《著作权法》当中，媒体机构中工作人员创作的职务作品也被归属在了版权保护当中。可见，我国对新闻版权的保护正在逐步完善，随着媒介环境的变化，法律内容进一步细化，以切实保障新闻工作者的权益，坚守“先许可，后使用”的新闻作品转载规则在网络环境中的底线作用。只有这样，新闻工作者才能积极投入到新闻生产工作中，积极履行自身的专业职责。

除了依靠新闻工作者自律、公众监督和行业监督以外，为保障社会责任的落实，我国还在法律法规建设上做好了底线界定，把社会责任的道德底线上升到法律义务体系中去，并以法律法规的强制力为后盾，对新闻工作者在新闻实践活动中该做什么、不该做什么、违反要求会受到何种处分等问题进行了更加明确的法律成文建设，由此可为新闻工作者的社会责任履行奠定法律基础，并有利于协助新闻机构实现职业角色的自律，有效减少新闻责任失范现象。

二、经济层面：体制改革与防止垄断

（一）进一步深化传媒体制改革

社会经济制度的性质决定着新闻业的经济制度，新闻业的经济制度又对新闻的价值取向具有决定性作用。社会经济发展的规模和水平总体上影响着新闻业的发展水平和各项能力的实现。目前，我国经济发展进入新常态，我国经济由高速增长转向高质量发展是这一时期的基本特征。2018年，我国经济发展基本平稳，2019年，宏观经济增速放缓，中国传媒产业继续深化改革，这样的经济大背景，也可能影响传媒行业的收入。因此，政府对传媒产业发展、传媒经济与管理等方面进行了顶层设计和战略考量。

传统媒体在深度融合进程中，逐步形成全媒体传播矩阵和内容聚合平台的特色媒介生态。平台分发方式发生转变，从过去的门户网站聚合信息，然后以人工分发，到搜索引擎用技术读取信息源，并通过算法分发，再到现在转变为追求个性化分发。传统媒体的融合不仅仅指打破技术界限，实现不同传播界限的模糊融合，还包括在经济上形成产业融合，通过内部结构和资源的重组，在生产、发行、推广、经营等传播链条上实现融合，同时将不同产业媒体进行跨媒体资源共享与产业合作，形成融合型媒体集团，充分发挥媒体的综合优势。例如，2020 年，《人民日报》多种载体的媒体矩阵已拥有超过 9 亿用户，全媒体方阵共同推出的稿件有 48 万余篇，全网传播量超过千亿次，《人民日报》海外版，海外用户占比达到 70.5%。正如《人民日报》新媒体中心主任丁伟所说，从媒体融合的发展趋势来看，媒体必将通过自身的互联网化搭建以互联网为基础链接的平台，从而实现个性化产品的创造，满足用户需求。《人民日报》在 2018 年 6 月推出全国移动新媒体聚合平台“人民号”，利用这一具交互性、智能化、个性化的平台，建立与用户之间的连接。而随着新媒体形态的不断发展，除“两微一端”以外，动漫、H5、短视频、直播等新闻形式，加速推动了全媒体平台的建设。再如，湖北日报报业集团现拥有 7 报、7 刊、10 网站、3 个客户端、1 家出版机构和 58 家参股、控股公司。截至 2020 年年底，《湖北日报》新媒体平台总用户量有 4,200 万。当前，产业边界模糊化和跨产业的资源与功能整合已经成为发展趋势。对于专业的主流媒体机构来说，在坚持“内容为王，以内容优势赢得发展优势”的前提下，应考虑通过提升传媒产业的内外关联度，以及实现与各个行业的深度融合，使自身业务向深度数据挖掘、分析方面发展，从而延伸传媒产业价值链。

（二）提高新闻工作者待遇

如上文所述，新闻工作者的低收入待遇是其产生职业倦怠和心理焦虑的主要原因之一，而解决新闻工作者的待遇问题，还是需要媒体组织，根据“以人为本”的原则与思想，完善待遇制度。一方面，在薪酬待遇上保持统一设置。媒体组织需要完善薪酬福利体系，实现同工同酬，提高新闻工作者在薪资、社会保障、劳动保护、假期设定、工作培训等各方面的福利待遇，增强新闻工作者的职业自豪感，以及对媒体组织的归属感和信任感，促进新闻工作者自身的利益与所属媒体组织的利益有机统一，减少外在干扰因素对新闻工作者的诱惑，避免因物质或经济原因造成的社会责任失范或失责现象。另一方面，提供符合新闻人才期待的收入待遇，吸引优秀人才加入主流媒体队伍，保证人才资源充足。当前，不少主流媒体组织的薪酬制度还较为固化，导致既有技术操作能力又有内容生产能力的人才不愿进入传统媒体体系，而处于体制内有能力的新闻工作者也因薪酬不理想表现出工作动力不足，甚至大量有经验和能力的新闻人才转向新媒体平台。媒体融合的进一步发展，需要吸引更多的全媒型人才加入主流媒体队伍，这样主流媒体才能更充分地利用媒体资源，更好地发挥传播功能。

随着我国媒体融合进程的深化，媒介生态环境日益复杂和多元化，新闻工作者所肩负的责任更重。作为传播主体，新闻工作者维持其社会功能的发挥和个人价值的实现之间的合理平衡关系十分重要，只有新闻工作者的待遇提升了，他们才能摆脱经济压力所带来的困扰，才能真正落实社会责任。

（三）避免传媒市场垄断

市场经济是竞争经济，会有市场垄断的可能。在激烈的市场竞争中，传媒市场存在寡头垄断的风险，媒介集中成为难以避免的趋势。新媒体集团的投资往往同时涵盖新闻资讯、游戏、体育、音乐、教育、网络文学、知识付费等领域。目前，媒体集中有如下表现：第一，受众拥有越来越丰富的媒体渠道，但是信息来源的多样性在缩减，即在特定领域下媒体所有人的数量在减少。尽管互联网使人们获得和分配信息的渠道变得多元，但是传统媒体与新媒体之间的强大联结，意味着媒体“归谁所有”依然是非常重要的问题。媒体所有人及其市场竞争力，对传媒市场甚至技术的发展有着深远的影响。第二，新闻工作者经历着工作数量和质量的大幅变动，较之以往新闻工作者与媒体产生一定程度的裂痕所承受的压力，新闻工作者目前面临着更大的压力。第三，媒体提升版权保护水准，缩减公共领域。获得市场垄断地位的媒体，通过发起猛烈诉讼，推动立法者扩大版权保护范围，它们还要求延长版权保护期限，实施技术措施控制作品，提高对受众的监控，在新媒体领域设定公众为与不为特定行为的限制。媒体集中，事实上使得新闻来源缩减，对于信息真实、公平获取造成威胁，加剧了数字鸿沟。①

新媒体与传统媒体博弈之下，融资、收购风起云涌，这里存在一个悖论，适应小众口味的新媒体未必符合大众欣赏水准；而适应大众欣赏水准的传统媒体未必满足得了新型需求。而健全、健康的媒体市场，有助于市场参与者公平竞争，有利于减少技术封锁，有助于促进消费者合理选择。2021 年，国务院反垄断委员会出台了《国务院反垄断委员会关于平台经济领域的反垄断指南》，为未来互联网执法提供了新的依据，有力地保障了行政主体对网络的把握和对消费者权益的保护。当然，当下的媒介环境还未形成稳定状态，因此需要持续关注和探索《反不正当竞争法》《反垄断法》在传媒领域的实施，应对媒体资源进行合理调控，对传媒市场份额进行恰当分割，以避免传媒领域的市场垄断。

（四）扶持公共服务

信息技术的发展日新月异，传统媒体、新兴媒体的融合发展对社会影响深远，战略意义重大。同时，公共服务特别是针对特殊群体（如残疾人、偏远乡村群体）的文化服务也逐渐引起关注。落实政府公共采购政策，促进政府向社会力量购买公共文化

---

① BROOKES S. There’s just way more places operating in the same space：competition and boundary work in Australian and United States political journalism［J］. Journalism studies，2020，21（3）：319–335.

服务，保障文化采购的公平性和公开性，受益群体的广泛性和代表性具有重要意义。一方面，政府采购公共服务，有助于提升残疾人、偏远乡村群体文化素质和精神文明水平；另一方面，政府采购的形式，有助于实现传统媒体与新媒体的有机融合。欧盟《政府采购指令》中即有促进文化采购的内容，而我国的《政府采购法》中尚缺乏关于文化采购的内容，有必要通过充分调研，确定扶持公共服务的政府政策，利用政府采购促进媒介融合发展。

三、文化层面：社会主义核心价值观与命运共同体价值导向

（一）贯彻社会主义核心价值观

文化是一个内涵丰富、外延广泛的概念，就本研究而言，在新的时代背景下和媒体深度融合的过程中，新闻工作的社会责任从精神层面来讲，主要是价值观和意识形态责任以及文化传承责任；其关注的主要内容是新闻伦理、文化和意识形态等因素对于新闻工作者履行社会责任的影响，以及新闻工作者坚守舆论主阵地，严守社会法律和道德底线，坚持引导社会主流价值观以及传承中华优秀文化成果的作用。

文化对新闻工作者的思想道德和价值观起到建构和塑造的作用。第一，文化能提供思想和价值观上的标准，可以规范新闻工作者的行为。文化是人类精神活动的产物，它涉及形成社会成员思想、感情、行为的共同价值。文化所提供的判断善恶、是非、对错、真假等一系列思想道德的标准，是形成新闻工作者价值观的重要依据。同时，文化通过这些标准所建构的行为规范体系，促进新闻工作者对应价值标准，形成其自身的社会角色意识和与此相应的权利和责任关系，使其个人行为与社会需求协调一致，促进其以此规范自身的行为，更有效地履行社会责任和义务。第二，文化能培育先进的价值观。价值观作为内化的精神，需要长期熏陶才能形成。在新的历史条件下，面对文化多样性、价值观多元化的社会形态，新闻工作者需要通过培育文化环境中占主导地位的价值观，来提升自身的精神境界。我国加强对先进文化和社会主流价值观的培育，这对于新闻工作者自身的精神建构和发挥正确的舆论引导作用具有积极意义。

首先，需要以中华优秀传统文化来构建工作者的价值内核。“成风化人、凝心聚力”是习近平总书记赋予我国新闻工作者的职责使命。与西方自由主义主导下的个体文化不同，社会主义和谐文化，推崇社会利益与个人利益并重、群体利益与个人利益协调，强调对国家层面、社会层面、法治层面的核心价值观的普遍认同与遵从，对于社会发展有着美好的预期。一个社会的凝聚力从深层次上看，源于全社会形成具有最

大共识度的主流价值观。这种共识覆盖越广，稳定度越高，社会凝聚力就越强。[①]新闻工作者只有放大自己的胸怀与格局，将主流价值观落实到新闻报道之中，重视社会责任与社会意义，才能使报道真正产生效用。“成风化人、凝心聚力”，新闻工作者需要传承中华优秀传统文化，倡导社会主义核心价值观，教化民众，树立良好的社会风气。习近平总书记重视建立我国的文化自信，并将其与道路自信、理论自信、制度自信三大自信并举，中华优秀传统文化和社会主义核心价值观，是我国文化传播的核心内容。中国传统文化是伦理型文化，文化的核心价值和思想精髓体现着伦理精神和底蕴。“化人”“聚力”都需要伦理内核来做骨架支撑，我们赋予“风”“力”具体的伦理取向，就能够向下接地气，始终有一种伦理的充实感。[②]

其次，需要以马克思主义新闻观来处理新闻工作者的价值理念。我国新闻工作者的价值观，一方面强调对社会、行业和个体的价值；另一方面也强调对政党和政权的价值。在传统媒体环境下，新闻工作者有一套较为成熟的理论体系和操作方法。媒介环境的变化，使全球的新闻行业都面临着诸多挑战，各国在动态环境中寻找适应性的生存方式和发展方向。中国的新闻媒体在新的媒介格局和生态环境的冲击下，要实现习近平总书记对新闻工作所要求的“四力”，必须培养坚定地以马克思主义新闻观作为指导思想的新闻工作者，需要从新闻价值教育的“第一个纽扣”开始把握正确的方向，全面提升新闻工作者的职业能力、职业水平和职业道德。[③]习近平总书记极为鲜明地提出，马克思主义新闻观在新闻舆论工作中具有灵魂地位，因此，应当重视马克思主义新闻观教育价值的实现问题，努力将马克思主义新闻观转化成个人新闻价值观。

积极宣传优秀的道德文化，使民众形成宝贵的精神品格和崇高的价值追求，进而建构良好的社会风气，凝聚强大的精神力量是新闻工作者要履行的文化责任。在新闻作品的生产和传播过程中，新闻工作者要对先进、优秀的文化加以吸收和融合，并主动防御不良文化的渗入，同时还要加强对我国社会主义主流文化和价值观的传播和引导，为民众营造健康的媒介文化环境。新闻工作者要在拥有多元文化的社会形态下，加强对先进文化的学习，在马克思主义的指导下，积极发挥文化传承和对民众的教化功能，实现其社会功能上的职责要求。

（二）建构人类命运共同体全球传播价值导向

在全球化进程中，整体社会呈现出更为复杂的状态，价值理念、社会风险以及社

① 胡钰．如何建构当代中国新闻舆论生态［J］．新闻与写作，2018（5）：13.
② 江作苏．以职业伦理支撑媒体供给侧改革［N］．中国新闻出版广电报，2017-04-11（6）．
③ 叶俊，赵云译．习近平对于“新闻学”及“新闻学科”的重要阐述［J］．编辑之友，2018（4）：54-57.

会文化等方面暴露出更多问题，不论是组织还是新闻工作者个人都需要在社会生活中履行更多的社会责任。

1.“人类命运共同体”理念背景

当今世界，国际格局和政治力量对比加速演变，国际环境的变化充满着交织性、复杂性和矛盾性。随着各国特别是大国之间的力量对比不断变化，世界发展的不确定性也在逐步加大，全球化理念在一定程度上推动了人类世界的相互关联和共同发展。一是国际关系和秩序有所推进，各国关于发展问题的政策和战略的关联更甚，单个国家或地区的发展不可能脱离世界的发展而实现，虽然各国在某些问题上依然有摩擦甚至是冲突或者对抗，但全球依然保持着在整体上的一种相互依存关系。另外，互联网、移动通信、人工智能等技术的迅速发展带动了各行业生态的变革，国与国之间的时空距离不断缩小，合作关系也不断加强，世界的整体性和系统性不可回避。二是全球性问题突出，需要加强风险共担意识。德国社会学家乌尔里希·贝克认为，当代社会中的风险来自人类对社会和自然的运作，产生于人类的决策和行为。与传统的固定性、不变性等非人为因素导致的自然风险不同，人为风险在很大程度上是由人类对知识和手段的运用造成的，进而给人类带来更多的负面效应和新的风险，而且人为风险往往在爆发的速度、风险的强度和扩散的广度上表现出前所未有的力量。随着全球化进程的发展，人为的社会风险已然突破了传统意义上的时空界限，在利益上各国相互影响、相互依赖，恐怖主义、极端主义、环境恶化、健康安全等问题也呈现跨区域性、跨国性的特点。面对风险，没有谁是旁观者，世界各国都需要以负责任的态度和精神共同应对危机，维护世界的和平与发展。

从人类的发展历史来讲，人类社会最初以部落化的方式生存，不存在孤立的个人，人们总与“他者”保持着密切的血缘或是地缘关系，以集体的形式共担责任。当下，技术的发展使世界又呈现出“地球村”的部落化特征，但与原始社会个人归于部落的状态有所不同，在现代社会中人们不再仅仅依靠生理或者地理位置去界定范围和建立联系，人们处在一个联通与共享的环境当中，世界各国在相互之间的牵扯和联系下形成了一个共同体。从存在理论的角度来说，在日常生活中，共同体意识往往被遮蔽了起来，但当面临各种危机或灾难时，人们的共同体意识就会被唤醒。世界各国正面临着诸多共同的问题、风险，已经形成了你中有我、我中有你的“共同体”，因此需要构建国际性的共同责任，以共同体的思维来实现整个人类社会的进步与繁荣。

2.“人类命运共同体”理念的价值内涵

“人类命运共同体”理念融合了中国古代的哲学思想和马克思主义思想中的共同体

思想。从中国古代哲学的思想价值内涵来看，贯穿中华文化的精髓是“和合”的思想。这种思想承认不同客观存在之间的差异，同时又强调在区别与冲突基础上促进和谐，从而形成相互融合、相互理解的理念和环境。“和而不同”的思想是中华优秀传统文化中核心的精神内涵之一。我国古代无论是与他域之间的贸易往来中还是文化传播中，大多以“协和万邦”（出自《尚书》）、“以和为贵”（出自《论语》）的天下观处理我国与边远国家之间的邦交关系。在这个过程中，中华文化在与其他不同文化的交织、碰撞中，不断吸收和借鉴其他文化的精髓，因此中华文化呈现出与其他多种文化的交融。在《礼记》的《礼运篇》中有大道之行、天下为公的国家观，表达了以民为本的政治思想，希望天下各家庭、社会群体，各民族和国家之间能摒弃纷争、求同存异，做到相互尊重、相互包容、平等友爱地处理各种关系，从而实现共同进步、共同繁荣。这体现了中国思想中天下大同、共为一家的美好愿望，这也是“人类命运共同体”理念的思想根源。

除了中国古代哲学为共同体理念奠定了思想基础之外，马克思主义思想也对“人类命运共同体”价值理念的提出提供了思想依据。1848 年，马克思和恩格斯在《共产党宣言》中提出，个体和“共同体”之间不应形成对立关系，而应该是自由人的联合体，个人只有在共同体中才能得到全面发展。虽然马克思和恩格斯并未明确提出共同体的概念界定，但从他们对共同体的理解来看，他们是从人的生存和发展角度来阐释人的利益、责任和命运的联系的，倡导主体间的平等，表达了将个人利益与共同利益合二为一的理念，体现了一种鲜明的共同体意识。

“人类命运共同体”的倡议是中国为全球治理提供的中国方案，是我国党和政府在面对未来世界将何去何从的大问题时发出的中国声音，展现了作为一个国际大国的责任担当。“人类命运共同体”是涉及每一个国家和民族前途命运的倡议，各个国家和民族紧密联系、命运与共，“人类命运共同体”是将世界人民的美好向往转化为现实的途径。在怎么建构共同体的问题上，中国提出实现普遍的安全、共同繁荣、开放包容、清洁美丽的基本观点，这是中国表达的既为本国人民的幸福和中华民族的复兴而努力，也为人类共同进步而奋斗的思想。“人类命运共同体”理念强调国际社会的共同责任，是全球应对共同问题、共同风险以及共同未来的新思路，是符合人类社会发展规律的新的价值理念。

（三）全球视野下对社会责任的重新解读

全球化发展至今，各国之间不再只是有贸易之间的交流合作，还借助数字和拟态空间的理念和服务实现了互联互通。在新的全球传播形态下，世界各国需要通过平等对话与交流协作来解决人们面临的共同问题和挑战。“人类命运共同体”的倡议体现出促进各国树立共同利益、可持续发展和全球治理的统一理念，旨在谋求世界各国合作共赢、共同发展。希望在此理念下，各国共同打造政治互信、经济融合、文化包容的利益共同体、责任共同体和命运共同体。要实现世界秩序的建构，需要新闻媒体以及新闻工作者建构中外融通的话语体系和价值标准，把中国的观点和中国态度融入新闻内容，让世界人民了解中国，推动和促进“人类命运共同体”理念深入人心，推动“一带一路”建设，强化全球化发展与国际合作。

全球化和技术融合带来了新闻工作者社会责任在两个层面上相互牵扯的张力。一是媒体的全球影响力的现实性与国际责任的缺失性之间的张力，跨国公司作为全球化的重要产物，对新闻界和新闻工作者产生了深远影响；二是传统媒体与新媒体在价值方面的张力。传统媒体强调新闻真实、发表前核实、报道平衡等，与之相对，新媒体更强调即时性、透明度和发表后校正。包括物联网、5G、区块链、人工智能等高新技术在内的技术革新，使得从全球视野来审视新闻报道的准确性、公正性成为必要和可能。

在命运共同体视野中，需要重新审视新闻工作者的社会责任，有如下原因：第一，全球化背景下，随着贸易管制的放松，政治障碍往往会减少，特别是数字化领域，长期以来处于政策真空的状态，而技术又使得地理局限不再是问题。这意味着在互联网发展的过程中，政治边界和地理边界往往会消失，立足于某个国家的公司成为一种全球性的力量不是一件不可想象的事情。[①] 传媒集团正向跨国公司方向发展，技术赋予新的传媒组织从遥远的地理位置收集信息的能力，全球问题和跨国媒介组织形态的出现，使人们需要对新闻工作者社会责任进行重新解读。第二，全球责任需要有全球视野。通过互联网发布的全球新闻报道，影响着政府行为、军事策略、人道机构行为。但不同的国家、不同的媒体组织和不同的记者都有自己的路线，并没有一个标准的模式。本土化与全球化之间的对立关系，常使信息的传递过程中出现不同文化和价值观念的碰撞，除非进行合适的报道，否则新闻本身可能成为对其他文化的一种威胁。因此，需要通过在不同伦理认知中寻找共同认可的伦理价值观念，形成一种和谐的价值规范，如此才有利于促进全球的稳定发展。虽然各国所处的社会环境和历史发展进程不同，且世界在持续变化，新闻业也需要随之发生转变，但新闻报道的基本价值理念是相对稳定的，这也是世界新闻工作者的共识，应促进全世界新闻工作者之间的对话，并努力向彼此学习，达成共同的理念和责任意识。第三，全球化的发展，促使区域性事件的影响力不再仅限于覆盖本区域，还影响全球，特别是一些公共性的风险事件。

① 张志安，王海燕．变革中的新闻业及其未来——牛津大学路透新闻研究所所长尼尔森教授访谈［J］．新闻记者，2019（10）：73-80.

由社会发展形成的风险社会，既是实际存在的，又是被构建出来的，社会责任因此从隐性走向显性，从现象走向阐释，从局部走向社会。[①] 新闻工作者所具有的社会功能和所承担的社会责任，在风险社会中发挥了显著作用。现代社会，公众对风险的认知往往超出了个人的经验范畴，对于风险社会的认识需要通过信息交流来获得，新闻媒体是人们感知社会、了解世界的主要渠道，公众表现出对新闻媒体及其工作者的高度依赖。首先，新闻媒体承担着预警功能。风险并非真正的危险和灾难，但它有转换或生成危机的可能，因此，新闻工作者有义务在风险发生前对其进行监测，并将有可能发生的风险或危机通过新闻信息呈现给公众，提供平台促进对社会风险的沟通，对公众进行风险意识和认知的教育。新闻工作者还可以通过具象化、强调或揭露一些复杂的、隐性的风险，提高人们对风险的认知和辨别能力，促进人们做出应对风险的科学决策。其次，当风险发生后，新闻工作者需对风险事件进行即时准确的报道、全面的阐释、合理的分析、正面的引导，以此来监督和把控风险，进而帮助处理或化解风险带来的恐慌和危害。面对风险，如果不能找到合适的途径去化解，风险就有快速引发全球性危险和灾难的可能。社会风险的核心问题就在于它的不确定性以及可能会造成严重后果，因此，对于风险的预警和化解显得尤为重要，新闻工作者有责任让民众理解贫困、环境污染、健康安全、技术不公平、政治不稳定等全球性问题，同时以全球的视野和责任意识来促进国际达成共同的危机认知，从而寻求应对和解决世界范围内风险问题的办法。

基于“人类命运共同体”的理念，寻求各国新闻工作者社会责任的共识基点具有重要意义。这些基点应包括几下几点。第一，媒介将世界紧密联系在一起，不同的宗教信仰、文化传统、价值观、政治理念相互碰撞，文化融合与文化冲突并存。新闻工作者在责任上的共识，有助于实现各方面的求同存异。第二，偏颇和狭隘的新闻观将会对紧密联系的世界造成严重破坏，如果不能以国际视野进行客观公正的报道，那么北美的读者可能无法理解中东暴乱的原因，或者非洲干旱的影响，因此，新闻工作者需要坚持和遵守职业道德，尊重新闻事实，秉持公正平等的新闻原则。第三，面对全球性问题，需要全球行动，要求全球合作。全球化进程使得国际问题和国内问题的交织和渗透逐步加深，本国利益与国际关系之间联系越发紧密。“人类命运共同体”的理念为推动全球治理体系变革，构建新的国际关系以及新的国际秩序提供了共同的价值规范，媒体及新闻工作者的报道需要考虑到本国和其他国家对共同问题的关注，打消国际的隔阂和疑虑，提升各

① 江作苏，黄岭险．倾心打造公信力，应对新形势下的话语挑战［J］．中国记者，2018（2）：49.

国共同参与的积极性，寻求全球新闻工作者社会责任的共识基点。

四、技术层面：人机协同关系的建构与整合

整合新闻媒体资源，推动媒体融合发展是我国促进新时代中国特色社会主义新闻事业改革和发展的重要内容。新的技术与传统媒体融合，不仅涉及对信息生产、组织结构和媒体产业的影响，还涉及如何处理好人与技术之间关系的问题。媒介技术植入新闻生产环节，打破了新闻工作者原有的工作职能，但这并不意味着他们的价值在下滑，反而更加凸显其专业性的重要作用。技术的发展对当今社会而言是不可逆的，个人的体力和精力在机器面前并没有竞争优势，无论社会个体是什么背景，从事何种职业，经验如何，都无法回避技术发展带来的冲击和改变。就技术渗透较深的新闻业而言，审视技术与新闻工作者之间的关系，是不可避免的话题。机器和技术对人的取代显而易见。因此，此处并非讨论人有没有被机器取代的问题，而是在探究哪些是被取代了，取代的程度如何，人是不是会完全被取代，从现状来看，人工智能技术取代了新闻工作者大量的工作，这些技术的应用节约了新闻生产中的劳动力成本。在技术浪潮不断拍打职业群体的过程中，新闻工作者要做的是重新界定和明确自己的价值，发挥自身优势，寻求新的突破，如此才能适应媒介环境变化，免受其过多影响。

（一）明确新闻工作者的主观能动价值

1. 做有温度的新闻

现阶段的技术发展可以不断地将人的智慧变成更加精密的智能，但精神层面的内容是难以把握和转换的。技术的主要特征在于所有事物都可以计算且能做到精准化、逻辑化、明确化。它们的高效是人类所望尘莫及的，越来越多的新闻工作流程由机器替代人工完成，这既提高了新闻工作的效率又节省了劳动成本。从技术层面来说，这是值得欣喜的变革，但技术只为实现某种功能而存在，它并非人，虽然可以用人类智慧之集合来挑战人类的智力，但智慧的源泉始终还是人本身。技术背后的核心是人，而人除了有智慧，更重要的是有复杂的精神世界和情感，过度依赖技术理性会带来人文关怀的缺失。2015 年，美国人机写稿大战中，虽然机器人记者的写稿速度极快，但受众仍然更愿意接受专业新闻工作者的稿件，主要理由就是其内容更加有温度和创意。我国现阶段机器人写作也已大量运用于新闻生产中，其中以财经、体育等以数据为主、逻辑性要求较高的新闻写作居多。但如果涉及一些需要反映人的心理和内在情绪的内容时，具有专业素养的人写出的内容就比冷漠的机器写出的内容更能让公众感受到温

度。一位新华社江苏分社的高级记者就指出：好的新闻作品就和文学作品一样，如果文学作品不会被取代，那么新闻也不会。另一位新华网的高级记者则表示：将来操作性程度比较高的工种，机器肯定替代人；精神创造程度比较高的领域，比如艺术、学术研究，机器是很难代替人类的。人的情感世界是非常丰富的，对机器来说，越是客观越是好办，越是主观越不容易替代人类。①

技术所产生的问题靠技术自身是无法解决的，仍然需要依靠人来协调。因此，在新闻业的发展中，专业新闻工作者仍然有存在的价值，且这个优势在技术变革下会更加突出。很多新闻工作者之所以对自己的专业性感到焦虑甚至放弃这份职业，主要还是在思想和认识方面没有跟上媒介环境的转变，没有找准自己在新环境下的定位，没有认识到新闻工作者的职责不可能被完全取代。技术所带来的客观分析自然更加科学、理性，但对公众意识上的引导和教化也是新闻工作必不可少的社会责任要求，这方面更需要人类去履行。

2. 做有深度的新闻

技术参与新闻，不但没有弱化新闻工作者的责任，相反对信息的核实、对事实的调查与追问、对真相全面还原等责任要求被放到了更加突出的位置，新闻工作者的责任更加重大了。当下，不论是市民新闻、人工智能还是其他方兴未艾的手段和方式，或许可以改变新闻业的工作内容和工作形式，但新闻工作对新闻真实性的追求始终是不变的原则。就如马丁·康博伊和斯科特·A. 埃尔德里奇所认为的，“尽管出现了裂痕，但新闻业正处于一个好时代，因为我们有理由相信，面对新媒体带来的挑战和机遇，新闻业的核心职责正在得到强化”。近年来，全球的新闻传播正在面临技术的环抱，处在繁杂、碎片、饱和的新闻信息环境中，新闻工作者只有提供更多“好”的信息，才能避免“坏”的信息的侵蚀，用更多的“良币”才能使新闻事件的面貌更加清楚。因此，主流媒体的新闻工作更需要高度关注和重点强调以深度报道为武器来摆脱肤浅、娱乐、虚假等低质量新闻对公众的干扰，新闻媒体以及新闻工作者应担负起为公共社会利益服务的责任。这种回归一方面体现为受众需求的回归，另一方面则体现为新环境下新闻工作者自主寻找自身的价值与定位。

西方新闻业关于深度新闻的认知，对我国深度新闻报道的发展具有一定的启发意义。2018 年，英国牛津大学路透新闻研究所发布的关于新闻消费习惯的研究报告中指出，新的媒介环境中，充斥着各种新闻信息，但新闻消费者最看重的还是与他们相关的

① 胡翼青，朱晓颖. 人工智能的“幻影公众”——基于新闻工作者实证研究的考察［J］. 中国出版，2018（19）：15–21.

报道。另外，该报告的作者还发现，可根据新闻消费类型将受访者划分为：关心政治和国家大事的人、对人道主义感兴趣的人、喜欢看文化新闻的人、喜欢看深度报道的人这四种。从这个结果来看，受众真正关心的仍然是具社会公共性的新闻。英国《卫报》在分析受众订阅付费文章的数据时发现，通常具有调查性、分析性和洞察性特质的新闻内容更受读者青睐；2019 年，路透社的数字新闻报告则从侧面反映了新闻消费者的诉求，报告显示，相当多的新闻消费者认为："海量新闻让自己感到疲惫不堪"，更多的人希望将没完没了的帖子、故事、新闻"拒之门外"。正反的需求对比，更加印证了现下受众对新闻信息的需求已经开始重新聚合，受众的这种需求变化促进了新闻工作者回归基本职责。金·克里斯蒂安·施罗德（Kim Christian Schrøder）也强调，"从记者优先考虑具有社会意义的新闻报道角度来看，他们应该相信自己的'直觉'，而不是依赖于'点击量、排行榜''最受读者欢迎的新闻'等榜单来判断方向"。从媒介生态环境来说，西方的深度报道是建立在为新闻事实服务的观念之上。麦尔文·曼切尔认为，深度报道就是阐明和解释，"人们不仅仅满足于知道发生了什么，他们还想知道这些事为什么发生、它们意味着什么，结果又是什么"[①]。南非《独行日报》（*daily maverick*）的一名调查记者的观点也印证了这一说法，他指出，新闻的报道采访作为新闻的基石意义非凡。在他看来，单是提供新闻信息是不够的，要通过对新闻事件的特定问题、细节的细致阐述，帮助受众消化正在发生的事情，帮助他们意识到虚假新闻的存在，了解虚假新闻背后的动机以及它们所带来的危害，以更好地推动社会的发展。我国虽然与西方国家在体制、媒体运营、新闻工作要求等诸多方面有不同，但在信息全球化的背景下，西方新闻的发展状况以及好的经验，可以给我国新闻发展提供一定的思路和启示。我国新闻工作者也意识到新闻工作的责任不再仅仅是传播信息，还要进行深度解读。一位《新京报》的骨干记者谈论对 AI 的理解：记者唯一可以坚守的是，今后社会新闻、调查类稿件等，有很多元素需要人亲自去采访调查，这是人工智能目前还无法做到的。另一位来自《上海证券报》的记者对 AI 的看法是，很多深度报道稿件、调研稿件，虽然需要从理性的角度写，但是许多细节需要从感性的视角去描述，新闻工作者需要与被采访人进行情感交流和思想碰撞，这样写出的稿子，角度才会有创意和新意，内容才能更加丰富，具备可读性，才能达到更好的传播效果，这些都是人工智能做不了的。[②]

---

① 曼切尔 . 新闻报道与写作［M］. 艾丰，等译 . 北京：中国广播电视出版社，1981：127，141.

② 胡翼青，朱晓颖 . 人工智能的"幻影公众"——基于新闻工作者实证研究的考察［J］. 中国出版，2018（19）：15–21.

现阶段不论是国外还是国内，都在呼吁新闻工作者专业精神和自身责任定位的回归。西方国家倡导新闻工作者不再竭尽全力迅速地去传递信息而是减少新闻数量，以“慢新闻”的形式对现有信息进行分析和整合。“慢新闻”的灵感来源于荷兰创业公司创办的《记者报》，该公司目前正想把这个理念推广到美国。“慢新闻”被视作数字平台速食新闻的解毒剂，它让受众放慢速度，消费更深入、更有意义的新闻内容，为受众提供充足的时间去消化新闻内容，防止过多信息分散受众的注意力。“慢新闻”要求新闻工作者花费更多时间去挖掘信息的细节，力图展现新闻全貌，引导受众深度思考，而不是把时间花在吸引眼球和追捧热点的新闻意图上。受众希望关注自己感兴趣的话题，而不是被各种海量内容湮没。注意力稀缺的时代，并非意味着关注一切新闻议题。

我国主流媒体可以把握自身优势，将深度新闻报道作为重要的竞争力资源。2019年，《新京报》进行了移动端报纸的改版，它所提到的理念和宗旨，为主流媒体以及新闻工作者专业精神和社会责任的回归提供了一个可取的方向。它的理念就是要把“信息纸”全面转型成“深度纸”，而且强调这种深度不仅仅是关注文体、写作手法和采访状态，更重要的是要树立一种新闻态度。新闻工作者秉持这种态度，更加重视贴近大众生活，愿意挖掘与公众密切相关的新闻事件，引起大众共鸣；他们用宏观开放的思维模式，把注意力放在新闻事件上，理清事件的脉络，避免片面、局部地思考问题；他们还从多角度客观地分析，在发散性思维中求异、求新，提炼独家的观点，而不是简单地给予肯定或否定的判断。《新京报》在办“深度纸”的宗旨上提出“无原创不深度，无现场不深度，无思考不深度，无视频不深度，无传播不深度，无 App 思维不深度”。这个理念提示着新闻工作者，在媒体融合发展过程中，对深度新闻报道的理解需要与时俱进，形成一种全方位的“深度”，既深度回归传统精神和作风，利用好现有技术来促进深度新闻报道的发展，又在思维和意识上强化对深度的认识。只有这样，深度新闻报道才能抵御住那些碎片化、娱乐化、虚假性信息内容对信息传播的干扰，否则，深度新闻报道就会被湮没，而无法尽到为社会公众服务的社会责任。

（二）人机伦理的建构

1. 人机伦理的交织

伦理是处理人与人相处中各种关系的深层准则。媒介发展的不同阶段都有独特的伦理要求，不论处于何种媒介状态中，传播活动的参与者都需要找准自身的角色定位，并形成协调彼此关系的准则，对身在其中的行为者起到规范制约的作用，以便建构良好的媒介生态环境。当下，媒介技术持续对传播过程产生影响，传播主体的转变、新的媒介形式的出现以及随之产生的传播现象，对原有媒介环境下的伦理关系产生了强烈冲击，继而推动了现下媒介状态下的伦理关系的改变和重构。

新闻生产过程中，不仅要处理人与人之间的关系，还需要思考人与技术之间的关系。目前，数据与算法等技术虽然广泛参与新闻传播互动，但还未到达完全智能化的地步，无法进行自我调节和更正。因此，技术背后的新闻工作者作为直接参与者，其价值取向会对新闻生产活动产生影响，想要保证技术参与下的新闻的客观性、中立性和新闻价值判断的合理性，自然要强化新闻工作者的专业精神和社会责任意识。

除此之外，从前沿的技术发展角度来看，对未来的技术伦理的探讨也需要引起重视。虚拟现实技术、人工智能技术的发展日趋成熟，技术已经从实现人的肢体功能的延伸发展到实现神经系统的延伸。① 技术不断介入人的生活，控制人的认知，如何处理人和机器之间的关系？对这个问题的解答还未跟上技术发展的步伐。在拟态与现实环境边界越发模糊的新闻传播环境下，技术通过还原极为接近真实的信息和感官刺激，代替肉体进行信息环境和现实环境的连接。当人的意识与“技术意识”相互嵌入，必然需要对这种交叉中的伦理进行考量。人与人、技术与技术、人与技术在媒介生态环境中形成系统交叉和传播交流，使整个生态变得更加复杂，在新闻生产和传播过程中建构新的伦理准则来协调和处理这种复杂的关系变得极为迫切。

2. 人机伦理的建构

新闻业对人工智能的开发与应用使技术边界问题日益凸显。美国的一位助理教授，发表过一篇关于美国法律与新闻业面临 AI 权利问题的文章。他认为，法律在对人工智能的保护方面，如果将人工智能视为传媒人来考虑则很难实现保护，但如果从传播内容来考虑，特别是把人工智能的报道内容视作公共产品的时候则能更多地实现对它的保护。人工智能已经有了足够的技术能力来报道新闻内容，美国法院就不得不探讨机器人是否拥有和媒体一样的权利以及受到一样的法律保护。他还提出，互联网传播的第四次浪潮出现，人和人工智能传播者之间的关系正变得越来越复杂。在技术发展的初期如果不能界定好伦理底线和找到伦理困境的源头，那么技术缺陷就会越来越大。但人工智能技术的发展速度太快，而相关的规章制度在制定上表现出明显的滞后，这导致人工智能的管理无章可循。无论是我国媒体还是西方媒体，它们拥有的传媒技术都有提供并广泛发布信息的巨大能力，而能力越大也就意味着责任越重。建构一套与媒介技术发展相适应的、合理的理念和伦理规范是十分必要的。新闻工作者如何面对和使用技术，在什么范围内、在什么准则下使用技术，这都是人面对技术时的困惑；

---

① 刘明洋，王鸿坤．从“身体媒介”到“类身体媒介”的媒介伦理变迁［J］．新闻记者，2019（5）：75–85.

而在当下，媒体融合的发展速度很快，对这些问题的处理相对滞后，这也是新闻工作者在面对技术问题时会对自身要履行的道德责任和法律责任产生疑惑的缘由。

制定伦理规范就需要有明确的支撑依据，以确定人工智能的伦理基础。我国学者已注意到哪怕一个指尖点赞的行为都涉及态度的表达，也由此深入到伦理层面提出“传播即伦理”的观点。要制定人工智能的伦理规范，就需要先明确其基本元素。首先，要明确人工智能的主体。技术本身始终保持着其工具性，因此，技术的伦理主体应是人，是技术背后的操作者。但新闻业中的人机协同关系并非单一的个体对应关系，而是体现为多个主体、不同层次的多元关系，技术、技术设计者、技术操作者、新闻信息提供者都在新闻生产的不同阶段与技术产生关联和作用。因此，在界定伦理规范时，需要考虑多元主体的影响并以此进行责任划分，做到主体归责明确。其次，要明确人工智能的作用对象。人工智能作为人的延伸，它的立场应以人的期待为导向，遵循为人服务的根本原则。最后，要明确人工智能的价值和作用。上文已然提到，伦理是为处理“关系”而形成的规范，因此，要建构人工智能伦理规范，就要处理好人和技术之间的关系，使两者能协调发展，减少冲突和矛盾。只有在明确了伦理建构基本元素的情况下，才能更加清晰地界定人机之间的伦理边界和责任分配，才能避免在人机协同的过程中出现行为问责模糊不清的问题，形成有序的工作规范，建立起良好的生态环境。

（三）建构人机协同的整合机制

媒体融合纵深发展中的新闻业，人类和技术更接近于合作者的角色，是一种相互协作的伙伴关系。人工智能正在迅速发展，2019 年 7 月 18 日，央视网与百度智能云达成战略合作，共建人工智能媒体研发中心，联合打造人工智能产品，将“云 +AI”形态应用到央视网的各个场景中，这意味着人工智能全面参与媒体运作。我们需要建构与之相适应的机制，来维系这种关系，进而促进媒介生态的良性发展。

1. 建构人机协同平台

搭建人机协同平台，需要找准人与技术的场域，要实现这一点，首先，需要激励新闻工作者在思想上转变对技术的态度，避免一味地偏重技术威胁论或者技术福音论，而应该正视技术的合理性，适应这些新的手段，特别是充分利用当下技术在数据搜集、处理和分析方面的优势。其次，新闻工作者要回归传统新闻的工作原则，发挥好自身专业优势，通过调查核实和深度分析来检验和完善新闻内容，提高对数据的阐释能力。人与技术既能各司其职，又能协同作用，就能达到共建人机协同平台的目的。

2. 促进技术认知

当下人与技术的关系尚不协调，诸多问题亟待解决（诸如新闻工作者不懂技术、技术操作者没有新闻专业素养、技术不能解决自身产生的问题等），这不仅有碍于形成良好的协同关系，还会引发新闻业的混乱。要解决这些难题，首先需要新闻工作者做到的是增进对新伙伴的了解。目前，仍有许多新闻工作者对技术还未深入掌握，这自然会影响到他和这些新伙伴的合作。比如，现下的短视频新闻生产，传统新闻工作者的技能知识结构与技术不匹配，人才资源与技术资源无法对接。当下的新闻业需要懂新闻和懂技术的综合型人才，新闻工作者面对工作形态和手段的革新，应根据岗位和实践的需要，努力学习相关技术知识，对技术的原理、功能以及其在新闻实践不同环节中的运用和效果呈现进行全面认知，如此才能克服技术自身带来的问题。

3. 发挥主导性作用

技术是人类智慧的产物，在新闻生产和传播过程中，人应当发挥主导性作用，主导人机协同的规则，选择合作的形式和方向。人机合作的本意是实现功能互补和价值匹配。[①] 在这个过程中需要注意以下三个方面的问题：一是在新闻领域重视发挥新闻工作者的主体性控制作用和主导性作用。技术参与新闻生产并非意味着人的主体性的削弱，相反，针对技术的缺陷以及其可能带来的风险，新闻工作者需要明确社会责任，加强对信息技术的操作，强化对技术结果在价值和责任意识上的监督、管控或是修正，从而对技术伦理和规范形成边界控制。二是主动解决技术给新闻业带来的问题。新闻工作者需要重视发挥自身的专业技能，对技术参与下的新闻信息进行核查，全面把控技术流程和程序设计，避免虚假新闻的传播。另外，对技术挖掘和分析的数据进行合理考量，不过度依赖数据片面判断用户喜好和兴趣，注意坚守对新闻价值判断的标准，发布具有社会公共意义的新闻内容，把握好舆论导向。三是重视判断和评估新闻生产中的技术缺陷，防止其对他人隐私等公民权利造成侵犯，重视新闻中的人文关怀。

人机协同对新闻记者的职业能力和责任意识都提出了更高要求。人机协同日趋常态化，新闻工作者应顺应时代发展和技术变革趋势，重新界定自己的角色定位，明确自身的职业价值和社会责任，满足智能化媒介生态环境下的多元化新闻生产需求。

---

① 孙祥飞．“机器人新闻”与新闻工作者的主体性强化［J］．新闻论坛，2016（2）：42–44.

第三节　媒介生态环境的内部调适

一、改善媒体内部机制

新闻媒体应对新闻工作者的新闻实践活动负责，并对其进行思想和行为上的规范与引导，这样才有助于其有效地履行社会责任，为社会发展服务。

要推进新闻工作者社会责任的履行，媒体内部应当重视建立和完善问责制度。一方面，问责制能对新闻工作者的实践活动进行有效监督，防止失范行为的出现，同时也可以对失范、失责行为进行追责。另一方面，问责制能从正面促进新闻工作者提高责任意识，自觉履行社会责任。问责制要求权责关系明确清晰，要有明确的责任分级、职责范围以及追责方式，要保证在新闻传播中出现失责情况时，能追究到人，减少相互推责或责任落实不到位的情况。问责制作为一种约束性制度，针对新闻工作者的失责问题，可以根据其失责程度的轻重和影响大小进行处理，使其以后自觉规避不当行为，将外化规范转化成内化自觉，最终实现自律。对于问责制度的建设和完善，不仅仅体现为在传统媒体系统的完善上，更体现在深度媒体融合和各级媒体纵深建构融合传播矩阵的进程中，实现权责分明上。

除了依靠媒体内部机制管理以外，还应建立有关社会责任的考核方案。我国“记协”推出《媒体社会责任报告》，已有多家传统主流媒体参与内容提供，新型主流媒体也在逐渐加入。虽然报告涉及的是媒体组织的社会责任履行情况，但作为新闻传播活动主体之一的新闻工作者，其个人履行责任行为自然与媒体的履行社会责任的指标相关联。因此，各媒体可以在制作《媒体社会责任报告》时，将新闻工作者个人履行社会责任情况形成数据或图表，作为内部监督体系的内容，以实现对新闻工作者实践活动的责任评估。这有助于媒体筛选和淘汰一些低质量新闻，以高质量的新闻产品更好地服务社会公共利益。当然，考核和评估体系的建构需要保证具科学性和有效性，随着社会发展和公众需求的变化，还要对考核和评估体系进行适应性的改进和调整，始终保持其合理性，保证责任考核机制运转顺畅，媒体融合目前还处于不断变化和发展的过程中，因此这一点尤为重要。

此外，媒体组织还应制定合理的绩效考核标准，以引导新闻工作者提高工作质量，更好地发挥新闻工作的社会功能，履行好社会责任。我国大部分新闻媒体，通常都以发稿量、版面占比量、收视率、点击率、转发量等数据作为新闻工作者的绩效考核依据，甚至这些数据直接与新闻工作者的收入挂钩，这容易导致新闻工作者执着于完成量化指标而忽略新闻作品质量。主流媒体的低质量新闻作品的传播并不利于媒介生态环境的净化和舆论引导。制定合理的绩效考核制度，不仅体现为重视媒体销售指标和数量，同时还体现为重视对新闻质量奖惩标准的建构，媒体组织可将质量与收入挂钩，使高质量新闻成为增加收入的合理性条件，由此激励新闻工作者在新闻生产的各个环节中更加细致、认真，努力提高新闻产品质量。

二、提高新闻工作者的创新能力

媒介格局、受众、传播技术与方式等方面的变化，使新闻工作者在工作职能、工作环境和工作思想方面面临巨大挑战，想要在动态环境下继续有效地履行自身职责就要实现创新驱动。“创新是习近平新闻思想的鲜明特征，也是新闻舆论工作与时俱进的内在驱动力。”[①] 创新是对新闻工作者提出的本质要求，新闻工作者要在理念、内容、体裁、形式、方法、手段、业态、机制、体制等多方面进行创新，以便更好地适应信息的传播规律，更好地推进媒体融合，为在新媒介环境下履行好社会责任提供保障。新闻工作者需要努力提高自身的业务水平，在坚定价值理念的基础上，树立“创新即生命”的职业理想，建构互联网思维，学习和掌握先进的技术手段，把自身打造成“全媒型”人才。

（一）培育创新思维

技术对媒介生态环境的影响是多方面的，它不仅是媒介革新的一种工具或手段，也是推动思维革新的动力。在多种技术叠加发展的背景下，想要成为新型主流媒体就需要结合技术开拓新的平台和渠道，媒体融合的核心目的就是通过多元素、多向度的协同共享形成一种优质的综合竞争力，媒体平台的建立和融合是发展新型主流媒体的重要进路。媒介整体生态的改变需要我们用与时俱进的思维方式去适应。新闻工作者作为新闻生产的前端和基础力量，需进一步学习、认识和把握这些多元融合的媒体传播方式和话语体系，转变以往新闻实践中形成的传统思维方式和行为模式，以新的观念和心态适应媒介环境，推动传统媒体的改革与创新，稳定和扩大主流媒体的引导力和影响力。

---

① 本书编写组．习近平新闻思想讲义［M］．北京：人民出版社，2018：97.

此处，传统媒体时期议程设置的引导功能同样也需要做适应性的转变。“议程设置”理论认为，作为传播主体的大众媒介对某个议题或者现象的高度关注会左右受众的关注点和关注顺序。由于传统媒体时期，新闻媒体对传播资源具有较强的掌控力，在营造怎样的“拟态环境”来形成对世界的认知方面，媒体的“把关人”功能比较容易发挥。新闻媒体及新闻工作者能较好地发挥引导社会舆论走向的作用。但新媒介环境消解了传统媒体议程设置理论中的部分定论，同时新媒体的信息传播也受到传统媒体议程设置的影响，在融合发展的过程中，议程设置理论也得到了新的发展。

主流媒体需要在多元媒介环境中把握对主流舆论的引导。传统媒体新闻工作者将一部分主动权转移到了公众手中，公众不再等着专业新闻工作者来提供信息和说法，而是利用网络平台自行寻找或发布信息内容，信息从单向传播转变成多向传播。各种观点在新媒体环境中交杂，主流媒体的价值观引导力由此受到削弱，但新闻舆论是社会意识形态和上层建筑的重要组成部分，社会发展到任何阶段都需要核心价值观的顶层设计，需要主流舆论进行有效引导，而能够担当此重任的非新闻媒体及新闻工作者莫属。[①] 环境越是喧嚣复杂，越需要新闻舆论来发挥稳定器作用。新闻工作者同时扮演着传播者和引导者的角色，因此对新闻议程设置的发挥起到了关键作用。新闻工作者要想在信息传播过程中履行好自身的社会责任，就需要在复杂的媒介环境中坚守“把关人”的身份和职能，以马克思主义新闻观为指导，把握对新闻价值的评判，并打造扎实的新闻报道内容，将新闻内容与时代要求、公民需求相结合，以此增强媒体的公信力和影响力，吸引更多公众关注主流媒体的价值导向。

要做好媒体融合环境下的议程设置，就需要新闻工作者处理好传统媒体与新媒体的关系。传统媒体对公共议题的设置功能，因新兴媒体的发展被削弱，新兴媒体在新闻选题和舆论引导方面同样受到传统媒体的影响，新旧媒体之间形成了新的话题环境。就如保罗·莱文森所说：新旧媒介的共生关系和相互促进关系是不可否认的，也是充满活力的。传统媒体与以网络为基础的新媒体在新闻报道方面各有优势，新闻工作者要打破新旧媒体之间的壁垒和成见，使两者形成合力。新媒体因其快捷性、便利性和交互性的特点能为新闻工作者提供大量的消息来源、新闻素材、新闻线索，在一定程度上能提高新闻工作者的工作效率，并能促进新闻报道的即时传播，形成全时空报道，而传统媒体的新闻报道较之新媒体的最大优势就在于传统媒体更有公信力和权威性。

新闻工作者需要不断刷新思维来履行好自身的职责。一方面，明确对传统媒体与

---

① 沈正斌 . 新媒体时代新闻工作者新闻志向的构建与坚守［J］. 当代传播，2017（2）：22-26.

新媒体平台的合理利用。新闻工作者需要重视建设和使用新媒体平台，利用它在受众中的影响力和传播力为传统媒体拓展新的发展空间，延伸传统媒体的公信力和权威性。尼克·库尔德利认为："社交网非但没有聚焦于另一个'中心'，社交网和主流媒体建构中心的机制越来越紧密地纠结在一起，就像双螺旋线……与此同时，媒介机构和社交媒介的连接是媒介机构维持社会地位的一种方式。社交网上的新闻很快就被主流媒体放大了。"① 新媒体与传统媒体之间的有效互动，使公众迅速对某一议题高度关注，媒体间的交互进一步提高了议题的热度。比如，我国时常有关于中美贸易摩擦的新闻内容，不论是在主流媒体还是网络社交媒体上，该话题总保持着较高的关注度和热度，两个舆论场趋向统一，促进了舆论引导功能的有效发挥。另一方面，防止媒介使用上的负面效应。在如今媒体环境比较复杂的情况下，新闻工作者更应该扮演好信息"把关人"的角色。互联网信息发布门槛低、信息审查松懈造成真假新闻混杂、用户情绪极端化等现象，需要新闻工作者发挥把关人作用，对众多的新闻素材进行专业性的加工，对新闻事件进行客观、深入的分析和解释，对信息进行甄别和筛选。

（二）内容与形式创新

新闻工作者不仅仅要完成新闻采写、制作、发布等工作，还需要利用创新思维模式，改变传统媒体思路下的习惯性做法，需要重视对用户需求的把握，以用户为中心，但这种关注不等同于刻意迎合受众的低俗要求。新闻工作者要尽可能地贴近受众对新闻信息的需求，注重受众新的接收方式与习惯。

1. 从需求上来看，受众重视新闻的相关性

媒体平台提供了大量的新闻信息，碎片化新闻信息分散了受众的注意力，虽然娱乐性强的新闻内容更容易受到关注，但具有真正内核的"硬"新闻以及与受众关联度较高的新闻仍然最能吸引受众的关注，重要性和相关性依然是新闻消费的首要驱动力。例如，2018 年，牛津大学写作关于新闻消费习惯的研究报告的作者说道："人们倾向于点开那些有趣、新奇的报道看。但他们清楚地知道什么是琐碎的，什么是重要的。总的来说，人们想了解周围发生的事情。"研究结果也表明，受众更关心对个人有影响的事情，相关性成为影响新闻消费的关键概念。在国际期刊联盟（FIPP）联合 What's New in Publishing 网站举办的以"纸媒数字化转型的角色与价值"为主题的大会上也出现了类似观点：如果没有吸引人的、值得信赖的、与用户息息相关的内容，那么媒体的核心竞争力也就不复存在了，其他发展经验更无从谈起。凯蒂·范内克－

① 库尔德利．媒介、社会与世界：社会理论与数字媒介实践［M］．何道宽，译．上海：复旦大学出版社，2017：20.

史密斯（Katie Vanneck-Smith）同样说道：“我们向读者提供的是他们生活中真正关心的东西，读者能够浏览完的东西，也是与生活息息相关的内容。新闻质量是重中之重。”挪威的VG利用它的社交平台尝试将所有新闻都尽可能地细化，制作新闻的工作人员把写作重点放在分析什么事件会发生，以及事件如何对受众产生影响等方面，其意图就在于让受众能更加清晰地解读新闻事件。可见，受众不仅需要轻松、幽默的新闻，还需要严肃、重要的新闻。受众对于“硬”新闻，不仅想要知晓事件，还想要获取与事件相关的一切详细解释。新型主流媒体及其新闻工作者，需要比过去更多地关注受众“小众化”的需求，但并不应该过度迎合，而应该保有主流影响力的声音，引领公众和社会整体发展，这才是实现其社会责任需要坚守的使命。

我国受众对新闻相关性和深度的需求也非常突出。我国顶层设计要求新闻工作者明确落实“三贴近”“走转改”的要求，就是在深入实际、深入生活和深入群众的过程中反映实际、反映生活，加强与群众的联系，在了解群众、引导群众的过程中服务群众、教育群众。责任需求与政策要求都促使新闻媒体与新闻工作者做深度新闻和阐释性新闻，将更加全面、准确的新闻信息呈现给受众，坚持新闻真实性、准确性的基本原则。

2. 从信息的接收方式与接收习惯上来看，新闻工作者需要找到受众并贴近受众的心理诉求

在复杂的媒介生态环境下，想要了解受众的信息接收方式与习惯，掌握受众的心理，并非易事。首先，要找到受众在哪里。年轻受众更愿意通过社交媒体来获取新闻内容，他们对于所关注的新闻常常讨论和分享。年长的受众则更倾向于通过传统媒体获取信息，且互动性和探讨性追求较低。Media Insight Project（媒体洞察项目）的一项研究显示，86%的年轻人通过社交媒体获取新闻，这说明年轻人不是不看新闻，而是不在传统媒体上看新闻。《费加罗报》在近日发布的一则消息中称，为了吸引更多的年轻用户，包括BFMTV在内的十余家法国传统媒体，在TikTok上开通了账户。BFMTV.com执行编辑朱丽安·米尔卡雷克（Julien Mielcarek）表示，TikTok为他们与年轻人交流提供了有效的方式。新华社在海外的社交媒体平台粉丝总量已过亿。其次，新媒体交互、开放、平等的特征决定了新闻工作者不能以一种居高临下的话语形式和新闻风格来生产和传播新闻内容，而是需要从受众的实际需求出发，以最大的兼容性贴近受众的心理诉求，引起受众思想上的共鸣，在题材上更加独特深入。清新通俗、生动平和、简单明确的表述方式更容易被受众接受。比如，央视新闻联播在播报中美矛盾这类重大议题时，使用过“令人喷饭”这种接地气的表述方式，既表明了中国在中美问

题上的鲜明态度，又引起了广大受众对新闻联播的更多关注，很多受众开始主动期待新闻联播对新闻事件的表达。因此，并非主流媒体不能使用娱乐、接地气的形式和手段制作新闻，只是不能过度使用，另外，也不能制作低俗、媚俗的新闻。新闻工作者应该学会抛开传统传播主体身份，用更加平等和亲切的口吻及话语解读新闻，以便更加贴近民众。新闻工作者要将传统的新闻内容以合适的形态和方式发布到新的平台上，为受众提供更多参与和交流的形式，增加报道的黏合度和凝聚力。

（三）综合利用新的媒体技术

要吸引受众，仅靠建立平台和了解受众的习惯和需求还不够，新闻工作者还需要利用不同的媒体技术来丰富新闻的表达方式。媒体融合阶段，传统新闻工作者需以“移民”的身份融入互联网社会，向网络“原住民”学习新的数字媒体技术，与具有不同知识背景的媒体人相互学习、取长补短，将多年累积的新闻报道经验应用于新的媒介环境中。只有这样，传统新闻工作者才有可能在观念碰撞与经验交流中更好地实现个人的社会价值，形成新的新闻内容生产理念。① 首先，对数字技术的掌握。大数据已渗透到社会生活的各个领域，具体到新闻业，最为典型的表现就是出现了数据新闻。新闻工作者努力掌握数据的搜集和分析技能，尽量对新闻事件进行直观呈现，通过简洁清晰的方式，使受众轻易地读懂新闻资讯。其次，对音视频技术的掌握。音视频的传播方式，因5G时代的来临还将延续和深化，并将成为新闻传播的主流。新闻可视化、竖屏等已成为典型形态。VG在报道2018年年底前斯特拉斯堡圣诞村袭击案时，用尽量少的文字来传达内容，就像是报纸的头版，而在下一页，放置了一个视频预告片进行新闻内容的传达，用户可以查看射手的情况、观看犯罪现场等。业内人士通过对此类新闻的探索和研究得出结论：可视化、专业化是新闻传播制胜的关键。《数字出版现状》（*State of Digital*）的创始人也表示：可视化的内容表现形式是吸引年轻用户的关键。此外，现在的年轻人更多地使用移动终端阅读新闻，智能手机上绝大部分内容都是垂直拍摄和播放的，传统的横屏格式在移动端播放的时候，用户必须把手机翻转过来，很不方便，人机交互体验感欠佳。此外，制作竖屏形态的新闻来代替横屏格式新闻投放到社交平台已成趋势，这更有利于年轻人收看新闻。竖屏对于视频的意义绝不仅仅是把屏幕翻转90度，它所带来的是一种全新的视觉体验和叙事模式。② 从《2018年媒体人调查报告》中就能看出媒体从业者对技术学习的压力和渴望，调查显示，媒

① 刘昶，陈文沁．当代中国记者群体［M］．北京：中国广播影视出版社，2018：105.

② 史安斌，王沛楠．2019全球新闻传播新趋势——基于五大热点话题的全球访谈［J］．新闻记者，2019（2）：37–45.

体人最想提升的技能中，“数字可视化新闻制作”“摄影”“VR 场景新闻制作”“选题挖掘”等技能占有相当大的比例。可见，新闻工作者也深感职业技术对职业发展和职能履行具有重要作用（见图 6.1）。

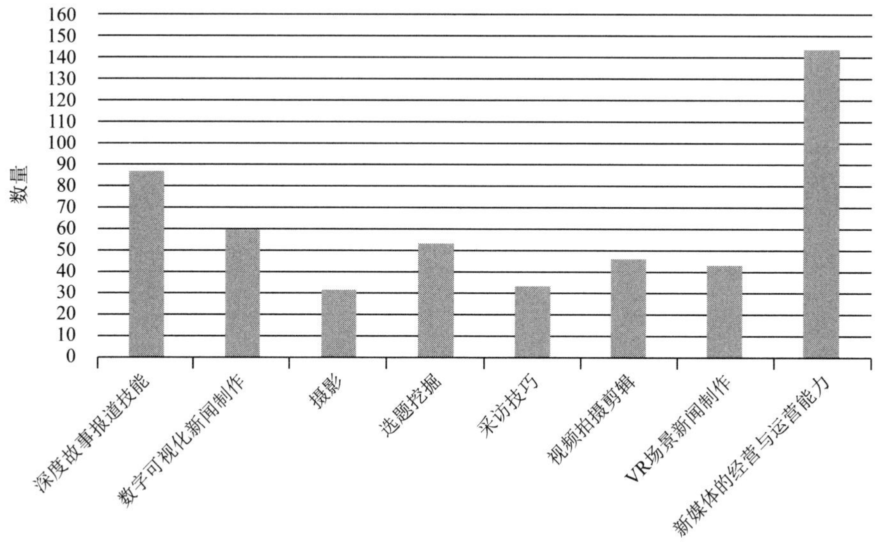

图 6.1　“目前最希望提升的职业技能”调查情况

随着时间的推移，媒介技术更加精进，形式更加多样，技术之间的耦合更进一步。早在 2012 年，《纽约时报》制作“雪崩”可视化报道时，其采编团队就利用视频、3D 动漫、数字高程模型（DEM）、卫星地图等前沿技术手段，还原了 16 名滑雪爱好者遭遇雪崩的新闻现场。① 而在 2018 年，《新京报》App 全新上线，该报仍然强调新闻工作者会努力第一时间到达新闻现场，但也强调会用快讯、调查、图片、视频、直播、评论、专题等构成“新闻组合拳”。新闻与技术结合，能帮助媒体更好地理解用户，服务用户，为用户提供良好的产品体验。媒介技术发展的步伐越来越快，技术的综合使用也在不断拓展。新闻工作者只有不断学习新的技术，才能实现新闻的更好呈现与传播。

传统媒体与新媒体之间展现出多渠道、多屏幕、跨行业融合的特点。新闻工作者在融合时代，应当实现自身思维和技术上的转型，以融合思维实现资源配置上的优化；综合利用技术手段，增强新闻信息发布、传播、使用等不同环节的交互性，与受众形成更加通畅的交流，打通媒体间的“围墙”，实现传统业务与新媒体内容共享、形式互通，推动媒体多渠道资源整合，形成共振效果，加强媒体的导向功能。

---

① 史安斌，王沛楠.2019 全球新闻传播新趋势——基于五大热点话题的全球访谈［J］. 新闻记者，2019（2）：37–45.

三、加强新闻工作者职业道德素质建设

新闻人的伦理道德素养和社会责任意识是净化媒体环境的重要保障。培养符合时代特征和要求的新闻传播人才是当下新闻队伍建设的重要任务。面对现有新闻工作者队伍中出现的道德缺失和责任失范现象，媒体融合环境中出现的道德伦理问题，除了需要政府监管，新闻团体监督以外，还需要新闻工作者提升个人素质。普利策在《新闻学院》(1904)一书中表示：只有拥有高尚的理想、兢兢业业的正当行为，对所涉及的问题具备正确的知识以及具有真诚的道德责任感，才能使报刊不屈从于商业利益、不寻求自私的目的、不反对公众的福利。媒体的社会责任需要通过新闻工作者来实现。新闻工作要真正实现为党和人民服务，培养和建设一支勇于承担和履行社会责任、有良好自律精神的新闻工作者队伍必不可少。

新闻的责任意识建构需要一个相对长的时间，在这个过程中，对新闻工作者一方面要加强规范教育，另一方面则要进一步加强美德教育。在责任意识培养的初期，新闻工作者无法完全通过自主的道德意识来对自己的行为进行引导，需要借助道德规范加以约束，甚至是通过法律法规等他律形式加以强制规范。新闻工作者需要明确新闻主体的责任意识、价值观、职业精神等内容，学习、理解和掌握道德规范及责任要求，并将其作为新闻工作者在实践活动中的具体判断标准和参照。法律是对新闻工作者消极自由的回应，是道德和责任的底线，而道德规范是对新闻工作者积极自由的要求。新闻工作者要做到不违反法律并遵守职业道德规范，努力实现社会公共利益，建构良好的社会责任精神。他律虽然能通过条例规定约束新闻工作者思想和行为，但这毕竟是一种外化的形式，责任意识作为精神层面的内容，离不开主体本身对精神的塑造。因此，新闻工作者需要积极发挥主观能动性，不断自我学习和自我批评，提高自身的人文素养，塑造高尚的人格，其中包括新闻道德、良知、正义和职业操守等，注重以人为本，从被动负责逐步转变为主动负责，不再仅仅依靠法律的强制而是出于新闻主体自身的道德水平、价值观和责任感，来自觉驱动正当的行为活动。

新闻工作者职业道德的建设，需要自律和他律的统一。在传统媒体环境下，媒体系统形成了较为成熟的行业内部道德和伦理规范，加之法律法规的外部制约，新闻工作者的失范行为得到了较好控制。新闻工作者在媒体的道德伦理框架内对失范行为进行修复，当内部约束失效时，法律和舆论手段对新闻工作者的行为加以干预，从而实现职业道德伦理稳定的运作。但当前的媒体融合环境，使人们的社会关系与现有规则之间处于脱域状态，现实社会的秩序无法在拟态环境中发挥正常功能，身在其中的新

闻工作者和所有用户都容易丧失社会责任感和公德意识。媒介生态环境的复杂性和技术变革的日新月异，使现有法律法规相对滞后，无法完全契合新的环境要求，在定责和追责上还存在一定的困难。因此，对于自律的要求就显得尤为重要，加大对新闻工作者价值观和伦理意识的培育，是营造良好媒介生态环境和落实社会责任的关键。

本章小结

媒介生态环境以其开放性的特征深刻影响着新闻实践的价值理念与行动准则，其外部影响因素与内部结构调适之间所建构起的平衡关系，有助于媒体及新闻工作者在享受权利的同时也能有效履行相应的社会义务和责任。在外部影响因素方面，政治环境的变化，深刻影响着新闻舆论工作的运行以及相关从业者履行社会责任的水平。需要加强马克思主义新闻观以及习近平新闻舆论思想教育和思想建设，加强行业监管，实现法制建设的不断完善；媒体的体制改革需要兼顾新闻工作者的切实需要，还要从战略上处理好改革的力度与市场结构的演变；文化的影响要求媒体及新闻工作者对新闻职业伦理、文化和意识形态等方面开展现实观照，引导新闻工作者在坚持社会主流价值观的情况下履行责任和义务，并在全球化背景下，以“人类命运共同体”为价值导向，树立全球视野下的社会责任理念；技术的影响要求新闻工作者履行自身责任与义务的同时，逐步探索人机交互共生的生活与工作环境，尽快建立基于人机深度交互环境下的协同工作机制与新型伦理体系。需要强调的是，技术虽然体现着“人的延伸”，但技术背后的根本推动力仍然是人本身。因此，新闻工作者作为新闻传播主体，需要主动转变新闻思维而不是被动接受，甚至抵触和回避这种变化，要在新思维的引导下不断学习如何合理地利用和驾驭技术，从而更好地开展相应的实践活动并落实与之匹配的社会责任要求，切实提高社会责任意识和履责能力。在内部调试方面，媒介组织内部的激励机制，新闻工作者的职业道德素质、创新能力共同影响着当下新闻工作者社会责任的建设与发展。

结　语

社会责任观念的演变与发展与媒介生态环境息息相关，特别是社会发展与技术走向对社会责任观念的发展具有重要作用。新闻工作的社会责任对于个人、国家甚至世界都具有重大的影响。正如《一个自由而负责任的新闻界》的报告中所述：新闻的质量、比例和数量是人们认知自身承担和履行的义务以及对公共事务做出判断所需要的材料，而其判断明智与否则会影响到国家运转甚至世界和平。报告中指出，当时的西方新闻界由于新闻资源高度垄断和滥用新闻自由等问题，整个媒体环境严重失衡，真正的新闻自由权利受到阻碍，其最根本原因就在于新闻媒体缺乏社会责任意识，从而引发媒体行业自身混乱的同时也影响到社会的稳定。社会责任意识是媒介生态系统进行自我控制和净化以及对社会进行监督的重要工具，只有将新闻工作的社会责任落实到具体的行为个体身上，使其有效履责，才能促进新闻传播系统与社会其他系统之间的和谐发展，才能保持媒介生态环境的平衡稳定。

在媒介生态环境发生巨大转变的情况下，要研究新的时代背景下新闻工作者的社会责任状态和要求，需要梳理社会责任的演变与发展过程，寻找社会责任的演变特点，从多重角度分析影响社会责任发展的因素，思考新闻工作者社会责任履行中的失范问题，分析影响新闻工作者履行社会责任的因素并找到适应环境要求的社会责任实现路径。

本书通过对新闻工作者社会责任进行技术、社会和心理层面的系统分析，探寻新闻工作者社会责任演进与发展的内在逻辑和时代特征，分析新闻工作者履行社会责任的影响因素，将新闻实践与相应的社会责任视为复杂的社会系统，通过引入媒介生态环境理论，从内、外部环境考量新闻工作者社会责任的提升策略与发展方向。

第一，技术因素

1. 技术催动了新闻工作者工作形态和责任要求的变化。虽然不能过度夸大媒介技术的作用，但不可否认，新的媒介技术在推动新闻传播事业发展方面做出了巨大贡献。

人类历史上所经历的不同传播阶段皆反映出传播技术促进着媒介形态的演变，网络媒体及其衍生媒体形态的出现更是推动新闻传播事业有了大跨度的转变。传播技术的革新已然成为推动媒介生态环境发展的核心动力。技术的催动带来了诸多新的媒体形态和报道方式，打破了原本较为稳定的传统媒体系统，新闻工作者的职能和责任也随之发生改变。

2. 技术推动媒介生态环境变化，新闻工作者需跟随技术的日新月异而与时俱进。新闻工作者无须担心自身存在的必要性问题，而是需要思考如何把握自身存在的合理性内涵，根据合理性的变化，充分更新自身素养以适应新的生产条件和社会需求。大众传播优先将先进的媒介工具作为重要的传播手段，因此新环境下，传统新闻工作者熟练掌握和使用先进的技术工具成为必备的职业素养要求。较之手段的进步，思想和价值观上的提升和转变显得更为重要。新闻工作者只有转变思想，才能跟上媒介生态环境的变化，并在社会责任内涵发展快速的情况下形成适应性的责任意识。

第二，社会因素

除技术因素外，我国媒体产业格局发生变化，新媒体抢占传统媒体市场份额，分化受众，致使广告投入发生转向，传统媒体经营压力陡增。传统媒体寻求运营模式转型，加大与企业的合作，追逐经济利益的需求更甚，新闻工作者作为媒体组织成员不可能完全避免思考效益问题，经济诱导成为新闻工作者失责的突出因素。新媒体传播形式的发展分化了传统媒体的话语空间，官方舆论场的引导力和影响力被削弱。社会伦理道德价值标准和价值观念内涵的多元化给新闻工作者履行其社会责任带来了一定的困难，全球化伦理价值理念的建构成为被关注的重点。此外，与新媒体技术发展迅猛形成鲜明对比的是媒体监管发展相对滞后，对新媒体平台的监管不力，从侧面导致主流媒体新闻工作者的失责、失范现象时有发生，而主流媒体内部机制管理不合理则成为诱发新闻工作者职业倦怠、被动履责甚至触犯道德和法律底线的重要原因。

第三，心理因素

媒介生态环境演变剧烈，环境对人的逆向作用已十分深刻。新闻工作者“无冕之王”地位被削弱，造成心理跌宕；经济压力更削弱了新闻工作者在新闻实践中原已脆弱的自主性，造成心理失衡；职业优势的消解，导致新闻工作者心理焦虑。新闻工作者的责任失范现象也因环境变化而呈现出新的特点。新媒体平台为失范、失责行为提供了更大的展示平台，其影响力远大于传统媒体时期。新闻工作者在利用技术遏制新闻失范、失责现象的同时，也为新闻失范、失责现象多样性的出现提供了条件。此外，为抢夺注意力和时间资源，有些新闻工作者过度迎合受众，更注重速度，有时违反新闻工作最基本原则。

第四，外部应对和内部调适的策略与措施

新闻工作者的社会责任是媒体公信力的保障。新历史背景下，我国政治、经济、社会、技术、文化等各要素的快速变化，影响了媒介生态环境。我国新闻工作者为适应和应对媒介生态的变化，需要进行社会责任履行路径的选择。外部环境中，在加强新闻监管和法律监督的过程中要把握尺度，特别是面对以网络为依托的媒体管理，要重视开放与收敛的平衡，抵制新媒介平台发展的副作用，重视加强核心价值观念的贯彻，形成精神自律和自觉，同时要以“人类命运共同体”为价值导向，积极促进新闻工作者在全球视野下的社会责任意识建构。在行业发展上，要重视人与技术的协同，新闻工作者需要体现自身的精神价值，要再次强化主流媒体传播的主导性作用。此外，现实拟态化和拟态现实化之间容易形成伦理盲区，因此，不能忽视新闻生产中技术的适用范围和伦理考量。有必要制定伦理规范，确定人工智能的伦理基础，建构人机协同的整合机制。媒介生态环境的内部调适方面，应当改善主流媒体内部激励机制，提高新闻工作者的创新能力，加强新闻工作者的职业道德素质建设。

参考文献

著作类

中文译著

[1] 克劳福德．新闻伦理学［M］．江作苏，王敏，译．北京：中国传媒大学出版社，2018.
[2] 罗尔斯．正义论［M］．何怀宏，等译．北京：中国社会科学出版社，1988.
[3] 新闻自由委员会．一个自由而负责的新闻界［M］．展江，等译．北京：中国人民大学出版社，2004.
[4] 丹尼斯，梅里尔．媒介论争——19 个重大问题的正反方辩论［M］．王纬，等译．北京：北京广播学院出版社，2004.
[5] 施拉姆，赛伯特，彼得森．报刊的四种理论［M］. 中国人民大学新闻系，译．北京：新华出版社，1982.
[6] 尼罗．最后的权利：重议《报刊的四种理论》［M］．周翔，译．汕头：汕头大学出版社，2008.
[7] 麦克切斯尼．富媒体穷民主［M］．谢岳，译．北京：新华出版社，2004.
[8] 福山．信任：社会美德与创造经济繁荣［M］．郭华，译．桂林：广西师范大学出版社，2016.
[9] 麦克卢汉．理解媒介：论人的延伸［M］. 何道宽，译．北京：中国人民大学出版社，2003.
[10] 波兹曼．娱乐至死［M］．章艳，译．桂林：广西师范大学出版社，2009.
[11] 卡伦，朴明珍．去西方和媒介研究［M］．卢家银，等译．北京：清华大学出版社，

2011.
［12］克里斯蒂安．媒体伦理学：案例与道德论据［M］．蔡美文，等译．北京：华夏出版社，2000.
［13］阿特休尔．权利的媒介［M］．黄煜，裘志康，译．北京：华夏出版社，1989.
［14］弗林特．报纸的良知［M］．萧严，译．北京：中国人民大学出版社，2005.
［15］李普曼．公共舆论［M］．阎克文，江红，译．上海：上海人民出版社，2002.
［16］赫尔顿．美国新闻道德问题种种［M］．刘有源，译．北京：中国新闻出版社，1988.
［17］彼得森．积极心理学［M］．徐红，译．北京：群言出版社，2010.
［18］瓦耶纳．当代新闻学［M］．丁学英，译．北京：新华出版社，1986.
［19］涂尔干．职业伦理与公民道德［M］．渠东，付德根，译．北京：商务印书馆，2015.
［20］特纳．自我归类论［M］．杨宜音，等译．北京：中国人民大学出版社，2011.
［21］埃默里．美国新闻史——大众传播媒介解释史［M］．展江，译．北京：中国人民大学出版社，2001.
［22］埃默里．美国与新闻界［M］．展江，译．北京：中国人民大学出版社，2014.
［23］桑德斯．道德与新闻［M］．洪伟，等译．上海：复旦大学出版社，2007.
［24］康德．道德形而上学原理［M］．苗力田，译．上海：上海人民出版社，1986.
［25］韦伯．文明的历史脚步——韦伯文集［M］．黄宪起，张晓琳，译．上海：上海三联书店，2005.
［26］韦伯．马克斯·韦伯的两篇哲学演讲：伦理之业［M］．王谷芬，译．北京：中央编译出版社，2012.
［27］科瓦奇，罗森斯蒂尔．真相：信息超载时代如何指导该相信什么［M］．陆佳怡，孙志刚，刘海龙，译．北京：中国人民大学出版社，2014.
［28］科瓦奇，罗森斯蒂尔．新闻的十大基本原则：新闻从业者须知和公众的期待［M］.2 版．刘海龙，连晓东，译．北京：北京大学出版社，2014.
［29］孟德斯鸠．论法的精神（上册）［M］．张雁深，译．北京：商务印书馆，1963.
［30］曼切尔．新闻报道与写作［M］．艾丰，等译．北京：中国广播电视出版社，1981.
［31］库尔德利.媒介、社会与世界：社会理论与数字媒介实践［M］.何道宽，译.上海：复旦大学出版社，2017.
［32］布洛克．全球正义：世界主义的视角［M］．王珀，丁祎，译．重庆：重庆出版社，2014.

中文著作

[1] 金梦兰.媒体的社会责任[M].太原：山西人民出版社，2015.
[2] 邵培仁.媒介生态学——媒介作为绿色生态的研究[M].北京：中国传媒大学出版社，2008.
[3] 童兵.中西新闻比较论纲[M].北京：新华出版社，1999.
[4] 徐光春.中华人民共和国广播电视简史（1949—2000）[M].北京：中国广播电视出版社，2003.
[5] 当代中国的广播电视编辑部.中国广播电视大事记[M].北京：北京广播学院出版社，1987.
[6] 陈鹏.制度与空间——中国媒介制度变革论[M].北京：中国书籍出版社，2011.
[7] 杨艳妮.社会化媒体生态演化研究[M].北京：科学出版社，2018.
[8] 崔保国.中国传媒产业发展报告（2018）[M].北京：社会科学文献出版社，2018.
[9] 习近平.干在实处 走在前列——推进浙江新发展的思考与实践[M].北京：中共中央党校出版社，2013.
[10] 肖峰.名记者研究[M].武汉：武汉大学出版社，2012.
[11] 魏永征，张咏华，林琳.西方传媒法制、管理与自律[M].北京：中国人民大学出版社，2003.
[12] 黄瑚.新闻法规与新闻职业道德[M].成都：四川人民出版社，1998.
[13] 黄建新.传媒：自由与责任——西方《报刊的社会责任理论》解读[M].上海：上海交通大学出版社，2010.
[14] 童兵.比较新闻传播学[M].北京：中国人民大学出版社，2002.
[15] 江作苏.媒介公信论[M].北京：新华出版社，2010.
[16] 江作苏.责任造就公信力[M].北京：新华出版社，2007.
[17] 江作苏.记者心语新修[M].北京：中国传媒大学出版社，2018.
[18] 陈力丹，王辰瑶，季为民.艰难的新闻自律——我国新闻职业规范的田野调查/深度访谈/理论分析[M].北京：人民日报出版社，2010.
[19] 邓科.南方周末：后台（第一辑）[M].广州：南方日报出版社，2006.
[20] 邓科.南方周末：后台（第二辑）[M].广州：南方日报出版社，2008.
[21] 邓科.南方周末：后台（第三辑）[M].广州：南方日报出版社，2010.
[22] 张志安.潜入深海——深度报道30年幕后轨迹[M].广州：南方日报出版社，

2010.

［23］张志安，刘洪岑．转型与坚守——新媒体环境下深度报道从业者访谈录［M］．广州：南方日报出版社，2015.

［24］陈向阳．记者的功力［M］．上海：文汇出版社，2009.

［25］陈向阳．记者的故事［M］．上海：文汇出版社，2013.

［26］新京报社．突破（实操卷）［M］．北京：中国发展出版社，2013.

［27］冯雪梅，曹林，张彦武．今日头条［M］．北京：中国青年出版社，2012.

［28］冯雪梅，曹林，张彦武．冰点时评［M］．北京：中国青年出版社，2012.

［29］杨瑞春，张捷．南方周末（特稿手册）［M］．广州：南方日报出版社，2012.

［30］黎勇．真相在报告——与 18 位中国知名记者对话［M］．广州：南方日报出版社，2008.

［31］唐清建．新闻幕后［M］．北京：经济管理出版社，2008.

［32］张志安．记者如何专业——深度报道精英的职业意识与报道策略［M］．广州：南方日报出版社，2009.

［33］陈小川．底线——新闻背后的真相［M］．北京：当代中国出版社，2011.

［34］吴廷俊．中国新闻史新修［M］．上海：复旦大学出版社，2008.

［35］黎翔凤．管子校注［M］．北京：中华书局，2004.

［36］樊亚平．中国新闻从业者职业认同研究（1815–1927）［M］．北京：人民出版社，2011.

［37］陆高峰．中国新闻人从业生态研究［M］．北京：知识产权出版社，2013.

［38］田秀云，白臣．当代社会责任伦理［M］．北京：人民出版社，2008.

［39］郭金鸿．道德责任论［M］．北京：人民出版社，2008.

［40］甘绍平．应用伦理学前沿问题研究［M］．南昌：江西人民出版社，2002.

［41］张隆栋，傅显明．外国新闻事业史简编［M］．北京：中国人民大学出版社，1988.

［42］方汉奇，王润泽．中国人民大学新闻学院藏稀见新闻史料汇编（第 4 卷）［M］．北京：国家图书馆出版社，2012.

［43］中共中央宣传部新闻局．媒体社会责任报告（2014 年卷）［M］．北京：学习出版社，2014.

［44］中华全国新闻工作者协会．媒体社会责任报告（2015 年卷 上）［M］．北京：学习出版社，2016.

［45］朱贻庭．伦理学大辞典（修订本）［M］．上海：上海辞书出版社，2011.

[46] 余秀才 . 众媒时代的传播转向 [M] . 武汉：华中科技大学出版社，2016.
[47] 秦启文 . 角色学导论 [M] . 北京：中国社会科学出版社，2011.
[48] 张仲梁 . 中国公众对科学技术的态度 [M] . 北京：中国科学技术出版社，1991.
[49] 叶至成 . 职业社会学 [M] . 台北：五南图书出版有限公司，2001.
[50] 丁迈，缑赫，董光宇 . 全国广播电视新闻从业者调查报告 [M] . 北京：中国发展出版社，2016.
[51] 刘昶，陈文沁 . 当代中国记者群体 [M] . 北京：中国广播影视出版社，2018.
[52] 孙坚华 . 新媒体革命：为什么传统媒体屡战不胜 [M] . 北京：电子工业出版社，2016.
[53] 谢军 . 责任论 [M] . 上海：上海世纪出版集团，2007.
[54] 中共中央马克思恩格斯列宁斯大林著作编译局 . 马克思恩格斯全集（第 1 卷）[M] . 北京：人民出版社，1956.
[55] 中共中央马克思恩格斯列宁斯大林著作编译局 . 马克思恩格斯全集（第 7 卷）[M] . 北京：人民出版社，1959.
[56] 中共中央马克思恩格斯列宁斯大林著作编译局 . 马克思恩格斯全集（第 22 卷）[M] . 北京：人民出版社，1965.
[57] 中共中央马克思恩格斯列宁斯大林著作编译局 . 马克思恩格斯全集（第 39 卷）[M] . 北京：人民出版社，1974.
[58] 中共中央马克思恩格斯列宁斯大林著作编译局 . 列宁全集（第 5 卷）[M] . 北京：人民出版社，1986.
[59] 中共中央马克思恩格斯列宁斯大林著作编译局 . 列宁全集（第 6 卷）[M] . 北京：人民出版社，1986.
[60] 中共中央马克思恩格斯列宁斯大林著作编译局 . 列宁全集（第 12 卷）[M] . 北京：人民出版社，1987.
[61] 中共中央马克思恩格斯列宁斯大林著作编译局 . 列宁全集（第 34 卷）[M] . 北京：人民出版社，1985.
[62] 中共中央文献研究室 . 毛泽东文集（第 1 卷）[M] . 北京：人民出版社，1993.
[63] 中共中央文献研究室 . 毛泽东文集（第 7 卷）[M] . 北京：人民出版社，1999.
[64] 中共中央文献编辑委员会 . 毛泽东著作选读（下册）[M] . 北京：人民出版社，1991.
[65] 中共中央文献研究室，新华通讯社 . 毛泽东新闻工作文选 [M] . 北京：新华出版

社，1983.
［66］中共中央文献编辑委员会．邓小平文选（第2卷）［M］．北京：人民出版社，1994.
［67］中共中央文献编辑委员会．江泽民文选（第1卷）［M］．北京：人民出版社，2006.
［68］中共中央文献研究室．十三大以来重要文献选编（中）［M］．北京：人民出版社，1991.
［69］中共中央文献研究室．十四大以来重要文献选编（上）［M］．北京：人民出版社，1996.
［70］新华通讯社课题组．习近平新闻舆论思想要论［M］．北京：新华出版社，2017.
［71］本书编写组．习近平谈治国理政（第一卷）［M］．北京：外文出版社，2018.
［72］本书编写组．习近平谈治国理政（第二卷）［M］．北京：外文出版社，2017.
［73］本书编写组．习近平新闻思想讲义［M］．北京：人民出版社，2018.
［74］本书编写组．马克思主义新闻观十二讲［M］．北京：高等教育出版社，2019.
［75］习近平．论党的宣传思想工作［M］．北京：中央文献出版社，2020.

期刊论文类

［1］曹馨月．“娱乐至死”时代中媒介的社会责任［J］．新闻与传播，2017（2）.
［2］李明德，张园．传媒社会责任意识的深层建构［J］．西安交通大学学报（社会科学版），2017（1）.
［3］展江，王晓笂．从“四种理论”到“去西方化理论”——比较媒介研究的演进［J］．上海大学学报（社会科学版），2008（7）.
［4］房廷廷．澎湃如昨互动为新——从澎湃新闻的互动功能看新闻客户端的发展［J］．新闻研究导刊，2015（3）.
［5］刘淑华．从“喧嚣”到“寂静”：社会责任论的兴起与衰落［J］．湖北社会科学，2012（2）.
［6］邓绍根．“记者”一词在中国的源流演变历史［J］．新闻与传播研究，2008（2）.
［7］黄旦．负责任的公共传播者：事业化和商业化冲突中的新探索——学习美国新闻传播思想史札记［J］．新闻大学，2000（秋）.
［8］贺小玲．喉舌本位与自由本位——中西媒介理论传统比较［J］．鄂州大学学报，

2008（1）.

［9］郑涵，金冠军．论当代国际传播研究中的两大关键词：社会责任与问责［J］．现代传播（中国传媒大学学报），2007（3）.

［10］柯泽．论媒介的权利和责任［J］．华中科技大学学报（社会科学版），2005（5）.

［11］黄东英．论政治制度与传播制度的关系［J］．云南行政学院学报，2010（6）.

［12］陈建云．马克思主义新闻观与西方新闻理念的根本区别［J］．社会主义研究，2011（3）.

［13］朱清河．媒介“社会责任”的解构与重构［J］．新闻大学，2013（1）.

［14］严晓青．媒介社会责任研究：现状、困境与展望［J］．当代传播，2010（2）.

［15］李卓钧，蔡静．美国新闻传播：从自由放任到强调责任［J］．武汉大学学报（人文科学版），2002（9）.

［16］崔保国．媒介是条鱼——关于媒介生态学的若干思考［J］．中国传媒报告，2003（2）.

［17］邵培仁．论媒介生态系统的构成、规划与管理［J］．浙江师范大学学报（社会科学版），2008（2）.

［18］邵培仁．传播生态规律与媒介生产策略［J］．新闻界，2001（5）.

［19］邵培仁．论媒介生态的五大观念［J］．新闻大学，2001（4）.

［20］李建红．媒介生态学研究述评［J］．传媒，2017（5）.

［21］丁伯铨．当今中国的舆论引导与马克思主义新闻观［J］．新闻与传播研究，2014（6）.

［22］林如鹏，支庭荣．习近平行为思想：当代马克思主义新闻观的重大创新［J］．暨南学报（哲学社会科学版），2017（7）.

［23］丁伯铨．习近平新时代中国特色社会主义思想对新闻舆论工作的指导作用［J］．新闻与协作，2017（12）.

［24］黄诚，包国强．习近平的媒体社会责任观及其意义［J］．中国广播电视学刊，2017（7）.

［25］郑保卫．马克思主义新闻观中国化的历史进程及其理论贡献［J］．新闻与传播研究，2018（2）.

［26］郑保卫．习近平新闻宣传舆论观的形成背景及理论创新［J］．现代传播（中国传媒大学学报），2016（4）.

［27］李志敏，陈花明．党领导的中华新闻工作者协会发展历程［J］．新闻知识，2018

（5）.
［28］王修滋，蔡笑元. 媒体社会责任评价标准及指标体系构建［J］. 青年记者，2017（10）.
［29］杨保军. 新闻职责及职业责任感内涵分析［J］. 理论视野，2010（5）.
［30］赵明河. 把握新闻自由与社会责任间的平衡［J］. 新闻爱好者，2017（12）.
［31］张鸿飞，李宁.“互联网 +”时代传媒产业结构的变迁［J］. 编辑之友，2017（5）.
［32］任成金，潘娜娜. 西方文化输出及其对我国文化自信的影响［J］. 马克思主义研究，2018（2）.
［33］李良荣，袁鸣徽. 中国新闻传媒业的新生态、新业态［J］. 新闻大学，2017（3）.
［34］韦路. 媒体融合的定义、层面与研究议题［J］. 新闻记者，2019（3）.
［35］朱春阳. 社会责任论中“政府—媒介”关系再探——以美国哈钦斯委员会专门报告《政府与大众传播》为起点［J］. 西南民族大学学报（人文社科版），2006（2）.
［36］黄建新，杨振宇. 试论西方传媒“社会责任论”的现实困境［J］. 新闻记者，2008（4）.
［37］岳超奕. 网络新媒体时代“社会责任论”的在思考——“社会责任论”的现实困境与理论延展探析［J］. 新闻知识，2013（5）.
［38］徐峰. 新媒体社会责任评价尚有提升空间——钟瑛教授访谈录［J］. 新闻论坛，2015（4）.
［39］杜骏飞. 新闻的傲慢与谦卑——对戮童惨案报道基于《哈钦斯报告》的反思［J］. 新闻记者，2010（7）.
［40］黄建新，闫鹏飞. 再论西方传媒“社会责任论”的现实困境［J］. 新闻记者，2011（5）.
［41］周敏. 中西方新闻记者社会责任观比较［J］. 湖北第二师范学院学报，2013（6）.
［42］陈力丹. 自由主义理论和社会责任论［J］. 当代传播，2003（3）.
［43］秦雪冰，童兵. 网络媒体的社会责任评估与困境——“移动互联网时代的内容传播与社会责任高峰论坛”会议综述［J］. 新闻与写作，2017（10）.
［44］杨驰原，左志新，王军峰. 为党和人民的新闻事业鼓与呼——中国记协成立 80 周年综述［J］. 传媒，2017（12）.
［45］童兵. 为何报告？怎样报告？——读首部《媒体社会责任报告（2014 年卷）》有感［J］. 新闻与写作，2015（6）.
［46］钟瑛，李秋华. 新媒体社会责任的行业践行与现状考察［J］. 新闻大学，2017（1）.

[47] 张春华 . 传媒体制、媒体社会责任与公共利益——基于美国广播电视体制变迁的反思 [J]. 国际新闻界，2011（3）.
[48] 黄瑚 . 从《世界新闻报》事件看西方的新闻自由、社会责任与资本至上 [J]. 中国记者，2011（9）.
[49] 许海 . 从“新闻自由”到“社会责任”——西方新闻自由观辨析 [J]. 前线，2013（8）.
[50] 田中初，沈勇 . 从“责任”到“自由”的视角转换——民国记者事业中的哈钦斯报告 [J]. 新闻记者，2013（12）.
[51] 田中初，刘少文 .《记者周报》：同业媒体与新闻记者职业化 [J]. 广东社会科学，2014（4）.
[52] 辛尔露 . 从传媒社会责任论看谣言倒逼真相的尴尬 [J]. 今传媒，2014（9）.
[53] 吕鹏慷，卢金珠 . 从新浪播客的五大战役看网络媒体的社会责任 [J]. 新闻记者，2008（6）.
[54] 肖涌 . 读《一个自由而负责的新闻界》有感 [J]. 新闻知识，2009（9）.
[55] 于洋 . 关于“社会责任论”的思考 [J]. 青年记者，2013（3）.
[56] 严小涛，罗素蓉 . 论传媒业的社会责任与践行 [J]. 求索，2012（8）.
[57] 华露艳 . 浅论新闻自由与权力限制 [J]. 新闻传播，2009（10）.
[58] 刘晓菲 . 浅谈社会责任论对我国新闻工作者的启示 [J]. 新闻世界，2014（3）.
[59] 陈敏直 . 社会责任论——资产阶级对新闻自由的终结 [J]. 新闻知识，2005（8）.
[60] 虞明 . 社会责任论的提出背景及发展研究 [J]. 青年记者，2010（8）.
[61] 姚君 . 社会责任论语境下的假新闻治理 [J]. 新闻研究导刊，2012（12）.
[62] 李雅琪 . 社会责任论语境下的虚假新闻治理 [J]. 新闻研究导刊，2016（3）.
[63] 涂凌波 . 谁来控制西方民主社会中的大众媒体？——两种观念的冲突与发展 [J]. 国际新闻界，2010（5）.
[64] 吴飞 . 西方传播法立法的基石——“思想市场”理论评析 [J]. 中国人民大学学报，2003（6）.
[65] 何勇 . 西方媒介问责的历史遗产和当代解释 [J]. 现代传播（中国传媒大学学报），2017（2）.
[66] 孙桂杰 . 西方社会责任论对当代新闻实践的启示 [J]. 新闻爱好者，2010（2）.
[67] 郑瑜 . 新媒体时代的传播自由与责任 [J]. 当代传播，2010（3）.
[68] 于访勤 . 新闻自由与人格权的冲突解读 [J]. 新闻传播，2016（7）.

[69] 田中初，刘少文．民国记者的职业收入与职业意识——以20世纪30年代为中心[J]．新闻与传播研究，2015（7）．

[70] 邓绍根．跨语际旅行“记者”一词在中国演变历史再考察[J]．现代传播（中国传媒大学学报），2016（4）．

[71] 麦金农．民国时期中国新闻史引言[J]．现代中国，1997（1）．

[72] 商娜红．试析多重背景下媒介职业化规定性的建构[J]．现代传播（中国传媒大学学报），2002（5）．

[73] 吕新雨，等．生存，还是毁灭——“人工智能时代数字化生存与人类传播的未来”圆桌对话[J]．新闻记者，2018（6）．

[74] 李惊雷．新闻舆论环境下我国新闻从业者社会认同建构研究[J]．当代传播，2017（6）．

[75] 魏淑华，宋广文．国外教师职业认同研究综述[J]．比较教育研究，2005（5）．

[76] 黄瑚．美国新闻道德建设及其理论基础[J]．新闻大学，1995（冬）．

[77] 黄建新，杨振宇．试论西方传媒“社会责任论”的现实困境[J]．新闻记者，2008（4）．

[78] 黄瑚．新闻职业道德建设的观念与实践[J]．甘肃社会科学，2006（6）．

[79] 陈红梅．社会与技术共构：美国新闻业的十年危机与转型[J]．新闻记者，2018（4）．

[80] 黄仁忠，王勇．论我国媒介生态变迁的三个阶段[J]．今传媒，2013（1）．

[81] 范以锦，刘芳儒．传媒生态、媒体业态、媒介形态：中国传媒业改革四十年[J]．新闻记者，2018（10）．

[82] 丁伯铨．中国新闻理论体系调整之我见[J]．新闻大学，2017（5）．

[83] 余婷，陈实．人工智能在美国新闻业的应用及影响[J]．新闻记者，2018（4）．

[84] 刘璐．媒介融合环境下广电媒体员工流动倾向研究[J]．新闻记者，2018（11）．

[85] 陆晔，周睿鸣．新闻创新中的“协作式新闻布展”——媒介融合的视角[J]．新闻记者，2018（9）．

[86] 郑满宁．后真相时代新闻舆论场健康度及优化对策[J]．中国出版，2018（3）．

[87] 王海燕，范吉琛．新闻的时间性变迁：生产、文本与消费[J]．新闻记者，2018（10）．

[88] 陈晓彦，杨茜．社交媒体环境下职业把关人的受众思维与行为模式[J]．新闻记者，2018（11）．

[89] 韦纳，唐硕，石鉴，等 . 中国公众如何看待记者、媒体和假新闻——基于 2017 年全国性问卷调查的研究 [J]. 新闻记者，2018（9）.
[90] 丁伯铨，陈月飞 . 对新闻伦理问题的几点探究 [J]. 新闻传播，2008（10）.
[91] 丁柏铨 . 论舆论监督和正面宣传的辩证统一关系 [J]. 新闻爱好者，2016（3）.
[92] 陈楚洁 . 新闻业研究的文化—社会路径：意义、新闻权威与文化结构 [J]. 新闻记者，2018（8）.
[93] 陈力丹，刘宁洁 . 一桩典型的"传媒假事件"——论"杨丽娟追星事件"报道中传媒的道德责任 [J]. 新闻界，2007（2）.
[94] 倪琦珺 . 虚假新闻生态研究及对策 [J]. 传媒评论，2014（9）.
[95] 韩永青，李芹燕 . 中国深度报道百年发展轨迹探析 [J]. 新闻界，2006（4）.
[96] 年度虚假新闻研究课题组 .2013 年虚假新闻研究报告 [J]. 新闻记者，2014（1）.
[97] 年度虚假新闻研究课题组 .2014 年虚假新闻研究报告 [J]. 新闻记者，2015（1）.
[98] 年度虚假新闻研究课题组 .2015 年虚假新闻研究报告 [J]. 新闻记者，2016（1）.
[99] 年度虚假新闻研究课题组 .2016 年虚假新闻研究报告 [J]. 新闻记者，2017（1）.
[100] 年度虚假新闻研究课题组 .2017 年虚假新闻研究报告 [J]. 新闻记者，2018（1）.
[101] 年度虚假新闻研究课题组 .2018 年虚假新闻研究报告 [J]. 新闻记者，2019（1）.
[102] 年度虚假新闻研究课题组 .2019 年虚假新闻研究报告 [J]. 新闻记者，2020（1）.
[103] 年度虚假新闻研究课题组 .2020 年虚假新闻研究报告 [J]. 新闻记者，2021（1）.
[104] 吴志远 . 解释性报道的现实因应 [J]. 重庆社会科学，2016（3）.
[105] 胡翼青，朱晓颖 . 人工智能的"幻影公众"——基于新闻工作者实证研究的考察 [J]. 中国出版，2018（19）.
[106] 吴飞 . 媒介技术演进脉络的哲学考察 [J]. 新闻记者，2018（12）.
[107] 郑满宁 . 后真相时代新闻舆论场健康度及优化对策 [J]. 中国出版，2018（3）.
[108] 路俊卫 . 新形势下新闻记者的角色认知及职业理念建构 [J]. 湖北大学学报（哲学社会科学版），2014（7）.
[109] 蔡啸 . 新闻工作者的角色理论分析 [J]. 湖北经济学院学报（人文社会科学版），2009（9）.
[110] 田丽 . BBC 社会责任报告的十年演变及启示 [J]. 青年记者，2016（10）.
[111] 蒲平 . 转型：传媒业界、学界、教育界的共同主题 [J]. 新闻记者，2019（2）.
[112] 史安斌，王沛楠 .2019 全球新闻传播新趋势——基于五大热点话题的全球访谈 [J]. 新闻记者，2019（2）.

［113］方延明．创新中国新闻学理论体系与体系［J］．社会科学战线，2017（1）．
［114］刘康．人工智能如何助力媒体生产和运营［J］．新闻记者，2019（3）．
［115］鞠靖．技术视角下的媒体融合［J］．新闻记者，2019（3）．
［116］陈昌凤．权力迁移与人本精神：算法式新闻分发的技术伦理［J］．新闻与写作，2018（1）．
［117］张卓，吴占勇．虚拟现实新闻的伦理反思——基于技术与媒介的双重视角［J］．湖北社会科学，2017（12）．
［118］杨奇光．媒体融合时代的新闻室矛盾：基于新闻可视化生产实践的考察［J］．新闻大学，2018（1）．
［119］李政．人工智能时代新闻记者的价值定位［J］．新传媒，2019（10）．
［120］刘明洋，王鸿坤．从“身体媒介”到“类身体媒介”的媒介伦理变迁［J］．新闻记者，2019（5）．
［121］吴世文．新闻从业者与人工智能“共生共长”机制探究——基于关系主义视角［J］．中国出版，2018（9）．
［122］孙祥飞．“机器人新闻”与新闻工作者的主体性强化［J］．新闻论坛，2016（2）．
［123］许根宏．人工智能传播制度基础：伦理依据与伦理主体的确立［J］．学术界，2018（12）．
［124］杨保军．论作为宏观新闻规律的“新闻依赖律”［J］．新闻界，2019（5）．
［125］沈正斌．新媒体时代新闻工作者新闻志向的构建与坚守［J］．当代传播，2017（2）．
［126］黄月琴．社交媒体时代新闻生产实践的失范与纠偏［J］．湖北大学学报（哲学社会科学版），2014（3）．
［127］杜骏飞．“瓦釜效应”：一个关于媒介生态的假说［J］．现代传播（中国传媒大学学报），2018（10）．
［128］郑远龙，张慢缔．“新常态”下记者的新思维［J］．青年记者，2015（12）．
［129］陈如，谢欣．断言式新闻——媒介技术驱动下的新型新闻模式研究［J］．国际新闻界，2019（5）．
［130］廖凡．全球治理背景下人类命运共同体的阐释与构建［J］．中国法学，2018（10）．
［131］高金萍．5G时代海外华文媒体的全球传播路径：对话性·协同化·视频化［J］．新闻爱好者，2019（12）．
［132］张磊．走向人类命运共同体：历史视角下的全球传播秩序变迁与重建［J］．国际

传播，2019（2）.
[133] 林文刚 . 媒介环境学和媒体教育：反思全球化传播生态中的媒体素养［J］. 国际新闻界，2019（4）.
[134] 栾轶玫，何雅妍 . 融合技能 智能素养 价值坚守——多元时代的中国新闻教育变革［J］. 新闻与写作，2019（7）.
[135] 张继木 . 新闻教育的价值视野——兼谈马克思主义新闻观教育的价值实现［J］. 山西大学学报（哲学社会科学版），2019（1）.
[136] 阴卫芝 . 传播伦理学教育理念、思路与方法［J］. 新闻与写作，2014（5）.
[137] 陈昌凤 . 美国新闻与传播教育的认证指标：设定价值取向和教育目标［J］. 国际新闻界，2006（12）.
[138] 叶俊，赵云译 . 习近平对于“新闻学”及“新闻学科”的重要阐述［J］. 编辑之友，2018（4）.
[139] 蒋晓丽，谢太平 . 变与不变：媒介裂变环境下的新闻业、新闻人才及其新闻教育［J］. 湘潭大学学报（哲学社会科学版），2014（11）.
[140] 范以锦 . 社会环境与新闻道德坚守［J］. 传媒，2014（1）.
[141] 范以锦 . 道德缺失会滑向法律的陷阱——浅谈新闻敲诈［J］. 传媒，2014（10）.
[142] 魏武挥 . 那些年出走的媒体人们［J］. 社会观察，2014（3）.
[143] 王晓 . 记者：当理想照不进现实——朝阳行业中的黄昏岗位［J］. 学习博览，2013（3）.
[144] 张志安，曹艳辉 . 新媒体环境下中国调查记者行业生态变化报告［J］. 现代传播（中国传媒大学学报），2017（11）.
[145] 张伟伟 . 传统媒体新闻工作者互联网工作性使用与职业角色认知研究——一项基于报纸和电视媒体的时政考察［J］. 现代传播（中国传媒大学学报），2018（3）.
[146] 胡钰 . 如何建构当代中国新闻舆论生态［J］. 新闻与写作，2018（5）.
[147] 江作苏，黄岭险 . 倾心打造公信力，应对新形势下的话语挑战［J］. 中国记者，2018（2）.
[148] 江作苏，黄欣欣 . 第三种现实：“后真相时代”的媒介伦理悖论［J］. 当代传播，2017（4）.
[149] 杨保军 . 论作为宏观新闻规律的“技术主导律”［J］. 国际新闻界，2019（8）.
[150] 张志安，王海燕 . 变革中的新闻业及其未来——牛津大学路透新闻研究所所长尼尔森教授访谈［J］. 新闻记者，2019（10）.

[151] 甘丽华，克里斯琴斯．全球媒介伦理及技术化时代的挑战——克利福德·克里斯琴斯学术访谈［J］．新闻记者，2015（7）．

[152] 严三九，刘峰.2013年全球新媒体发展态势探析［J］．现代传播（中国传媒大学学报），2013（7）．

[153] 强月新，陈星．互联网思维与生态思维——新时期我国媒体发展思维的嬗变路径［J］．新闻大学，2019（2）．

[154] 高超．我国媒体社会责任的理论思辨与溯源［J］．青年记者，2020（10）．

[155] 祝振强．融媒体时代主流媒体的社会责任担当［J］．兰州大学学报，2019（4）．

[156] 张兰，陈信凌．新闻工作者职业认同问卷的开发与编制［J］．心理学探新，2020（11）．

外文文献

[1] RAO S，WASSERMAN H. Media ethics and justice in the age of globalization［M］. New York：Palgrave Macnillan，2015.

[2] ELDRIDGEl II S，FRANKLIN B. The routledge companion to digital journalism studies［M］. London：Routledge，Taylor and Francis Groups，2016.

[3] JACQUETTE D. Journalistic ethics：oral responsibility in the media［M］.New York：Routledge，2016.

[4] COULDRY N. Media，society，world：social theory and digital media practice［M］. London：Polity Press，2012.

[5] COULDRY N. Listening beyond the echoes：media，ethics and agency in an uncertain world［M］.New York：Routledge，2015.

[6] HENRY J . Confronting the challenges of participatory culture：media education for the 21st century［M］.Cambridge：The MIT Press，2009.

[7] FROST C . Journalism ethics and regulation［M］. London：Routledge，2015.

[8] STEVENSON N. The transformation of the media：globalisation，morality and ethics［M］. London：Routledge，Taylor and Francis Groups，2013.

[9] INQUIRY L，LEVESON B H. An inquiry into the culture，practices and ethics of the press：executive summary and recommendations［M］. London：The Stationery Office，2012.

［10］PATTERSON P，WILKINS L，PAINTER C. Media ethics：issues and cases［M］. New York：Rowman & Littlefield，2018.

［11］VOSOUGHI S ，ROYD，ARAL S. The spread of true and false news online［J］. Science，2018，3599（6380）：1146–1151.

［12］JOHNSTONE J W C ，SLAWSKI E J ，BOWMAN W W.The professional values of American newsmen［J］.Public opinion quarterly ，1972，36（4）：522–540.

［13］WILLNAT L ，WEAVER D H，WILHOIT G C.The American journalist in the aigital age：a half–century perspective［M］.New York：Peter Lang Publishing Inc.，International Academic Publishers，2017.

［14］WARD S J A.Philosophical foundations for global journalism ethics［J］. Journal of mass media ethics：exploring questions of media morality，2005（20）：3–21.

后　记

本书是以我的博士论文为基础拓展和修订而成的。还记得 2020 年，作为一名武汉市民，我经历了一个不平凡的春天。我的博士论文最后成稿也是在那个时候。过程中所付出的汗水与泪水，让我实现了一些过去从未有过的改变和突破。如今，当我充满期待又略带忐忑地将书稿交付给出版社时，心中百感交集，充满感激！

我要感谢我的恩师江作苏教授，是他耐心引导我找到自己的研究方向，论文写作过程中，也给了我很多关键性的指导。不仅如此，当我感到焦虑时，他更给了我极大的鼓励和信心。另外，要感谢给予我启迪性指导的各位教授们，正是有了他们的指点，才使我对自己的研究不断深入和明朗。

我要感谢我所在单位湖北大学新闻传播学院的领导们给予我的支持。感谢学院共事的老师们对我的帮助。感谢我的同门们和朋友们对我的关怀。

此外，我要感谢我的家人，谢谢你们在生活上给予我无微不至的照顾。感谢我的父母亲人，给我温暖，让我能直面困难。感谢我的丈夫在背后默默的支持，从无怨言。特别要感谢我的孩子，他总是很懂事地期盼和等待着我，在我最疲累的时候还给了我许多的快乐和安慰。我庆幸自己能成为他的母亲，拥有他对我的爱，这是我最大的幸福！

如今，书稿已成，可以说是一个阶段的句点，但也是另一个新阶段的开启。社会发展、技术更新、媒介生态环境的变革等，这些变化所牵动的相关研究还有很多地方需要更及时地发现和更深刻地挖掘。理论学习和研究是一条需要不断持续的路，这激励着我今后“不断深刻”。

于我而言，研究和教学之路漫漫，我会在感恩中继续前行。

陈　妮

2022 年 11 月